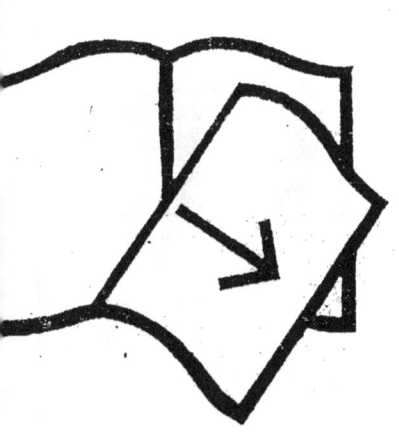

Couverture inférieure manquante

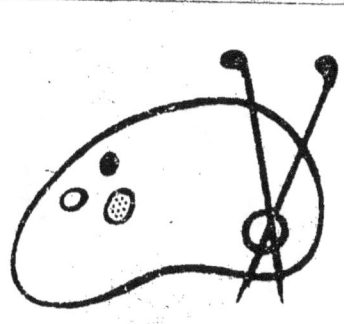

Original en couleur
NF Z 43-120-8

CATULLE MENDÈS

ZO'HAR

— ROMAN CONTEMPORAIN —

PARIS

G. CHARPENTIER ET Cie, ÉDITEURS

11, RUE DE GRENELLE, 11

1886

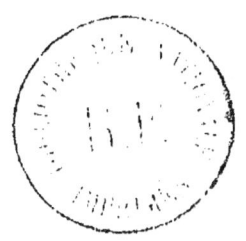

ZO'HAR

OUVRAGES DE M. CATULLE MENDÈS

POÉSIE

Philoméla, 1 vol.
Hespérus, 1 vol.
Contes épiques, 1 vol.
La Colère d'un franc-tireur, 1 vol.
Odelette guerrière, 1 vol.

Les Poésies de Catulle Mendès, 1 vol.
Les Poésies de Catulle Mendès, augmentées de 72 poèmes inédits, 7 vol.

ROMAN

La Demoiselle en or, 1 vol.
La Petite impératrice, 1 vol.
Les Mères ennemies, 1 vol.

Le Roi vierge, 1 vol.
La Divine Aventure, 1 vol.
Zo'har, 1 vol.

ÉTUDES

Monstres parisiens, 1 vol.
Monstres parisiens (nouvelle série), 1 vol.

Jeunes filles, 1 vol.
Le Fin du Fin, 1 vol.

CONTES ET FANTAISIES

Histoires d'amour.
Les Folies amoureuses.
Le Crime du vieux Blas.
L'Amour qui pleure et l'Amour qui rit.
Le Rose et le Noir.
Les Contes du Rouet.
Pour lire au Bain, 1 vol.

Les Boudoirs de verre, 1 vol.
Jupe courte, 1 vol.
Les trois Chansons.
Les Iles d'amour.
Pour les Belles personnes.
Toutes les Amoureuses, 1 vol.
Contes choisis, 1 vol.

THÉÂTRE EN VERS

Le roman d'une nuit, 1 vol.
La Part du Roi, 1 vol.

Le Châtiment, 1 vol.
Gwendoline, 1 vol.

THÉÂTRE EN PROSE

Les Frères d'armes, 1 vol.
Justice, 1 vol.

Les Mères ennemies, 1 vol.
Le Capitaine Fracasse, 1 vol.

CRITIQUE

La Légende du Parnasse contemporain, 1 vol.

Richard Wagner, 1 vol.

CATULLE MENDÈS

ZO'HAR

ROMAN CONTEMPORAIN

PARIS

G. CHARPENTIER ET Cie, ÉDITEURS

11, RUE DE GRENELLE, 11

1886

Tous droits réservés.

IX. Tu ne découvriras pas ce qui doit être caché en ta sœur de père ou en ta sœur de mère, née dans la maison ou hors de la maison.

(*Lévitique*, chap. XVIII.)

Et quand le soufre et le feu du Seigneur eurent détruit les demeures des hommes et les temples des idoles, il sortit de la fumée un Démon appelé Zo'har du nom de la ville où on lui sacrifiait, le premier jour de la troisième lune, un agneau et une agnelle engendrés du même bélier.

(RABBI BEN-AHAZ, *Géographie de l'Enfer terrestre*.)

LIVRE PREMIER

I

Le général marquis de La Roquebrussane, attaché militaire à l'ambassade de France près la cour de Vienne, attira la fille d'un colonel autrichien dans une maison des champs qu'il avait louée aux environs de Schœnbrunn, et l'y viola. Très fameux, autrefois, en Algérie, par sa bravoure furieuse, de bête folle plutôt que d'homme, et par des chaleurs de tempérament rebelles à tout délai, il gardait des habitudes d'impétuosité que ne lui interdisait pas la santé encore robuste de ses cinquante-huit ans. Quant à Dorothéa, blonde, blanche, trop grande, avec des yeux doux, elle était romanesque. Violée, elle prit le parti d'adorer, tout grisonnant qu'il fût, le héros brutal qui l'avait meurtrie, et, devenue enceinte, espéra qu'il l'épouserait. Il n'en voulut rien faire, donnant pour raison qu'elle avait mal crié. De là un duel avec le colonel autrichien. M. de La Roquebrussane blessa le père, grièvement, et rompit avec la fille qui mourut en couches ; puis il offrit sa démission ; elle fut acceptée ; toutes ces choses avaient fait du bruit. D'ailleurs, partant pour la France, il n'abandonna pas l'enfant que la mourante avait mis au monde ; il peut subsister, chez le pire libertin, une moitié d'honnête homme. Pendant le voyage, il eut avec lui, dans le même wagon, le nouveau-né et la nourrice, montagnarde tyrolienne, trapue, bouffie partout, chapeau en forme de ruche, corsage de velours brun, très ouvert, lacé de noir sur une chemise bise, le chapelet de la ceinture pendant jusqu'aux gros souliers. Pour donner à téter, elle tirait sa chemise, le bout du sein passant par un intervalle du lacis. Le général regardait cette gorge en frisant sa moustache, incorrigible; mais le petit le gêna.

A Paris, sans famille, sans fonctions officielles, délivré de l'étiquette, le rude vieillard, toujours allumé, et riche, s'illustra singulièrement par l'impudence et le faste de ses débauches; pourtant, au milieu de plaisirs trop faciles, avec ces folles qui ont désappris le refus, il regretta plus d'une fois les sacs nocturnes des gourbis pleins de râles, jadis, quand il était sous-officier, et les effrois, plus tard, des fillettes, à l'étranger, achetées ou surprises. « Je me fais l'effet, disait-il, d'un boulet de canon qui entrerait dans de l'ouate. » Il entreprit de lasser ou d'épouvanter les complaisances, imagina, dans un espoir de rebuffades, des exigences plus brutales, se créa des vices, pour avoir à vaincre des pudeurs, relatives. Il courut sur son compte des histoires de créatures éperdues s'échappant, pas rhabillées, de son appartement, la nuit, et laissant des gouttes de sang sur le tapis de l'escalier tandis qu'il les poursuivait de jurons et de rires et leur lançait des chaises ou des vaisselles qui se brisaient aux murs. « On ne m'y rattrapera plus ! » fut, avec un frisson, la réponse d'une cabotine avertie que le général l'attendait à souper; et lorsque, rude face hérissée d'une barbe blanche et drue, les yeux brûlés de bile jaune, il se tenait dans une baignoire de quelque petit théâtre, près de la scène, appuyant au rebord de la loge sa large main où des bagues trop grosses luisaient entre les poils des doigts, c'était, parmi les filles des chœurs ou du corps de ballet chuchotantes et se poussant du coude, un remue-ménage effaré, où l'inquiétude de n'être pas choisie avait moins de part que la terreur de l'être.

Cependant le fils de Dorothéa, Léopold de La Roquebrussane, — car son père l'avait reconnu, — vivait loin de Paris, dans la solitude d'un domaine familial où le marquis ne séjournait que rarement; dans la liberté de l'air, des champs, des bois. Un prêtre, récemment sorti du séminaire avec tout le fanatisme des premières ferveurs, surveillait et instruisait le jeune comte; parfois dans la bibliothèque du château, plus souvent dans la chapelle nouvellement reconstruite,—jugeant que la religion du lieu consacrait l'autorité de ses leçons, — il enseignait à son élève les choses mystérieuses du ciel, ne lui parlant pas du monde qu'il voyait lui-même, très vaguement, très loin, comme une ressemblance de l'enfer, dans un vertige de flammes et de fumées, lui laissant toutes les pures ignorances; et Léopold de La Roquebrussane grandissait, pensif. C'était un enfant blond, pâle, svelte, avec les yeux doux de sa mère. Il aimait à marcher seul dans les grandes allées, s'abandonnant aux rêveries longtemps continuées, à toutes les aventures impossibles du songe, que vivent les solitaires. Il montrait, jeune garçon, des timidités de petite fille; très enclin au respect presque tremblant de la force d'autrui, aux obéissances qui ont peur d'être battues. Mais, parmi les chimères, parmi les peurs, il avait quelquefois, par crises, des besoins de réalités, et, à propos d'une chose qu'il voulait et qu'on lui refusait, des emportements de passion qui prétend être, à tout prix, assouvie, et qui se rue; comme si, alors, la chaleur du sang paternel eût battu sous la peau délicate de Léopold, vivifiant les muscles et les nerfs. Et il était aussi, entre ses soumissions, très capable d'obstinées résistances. Un soir, durant l'un de ses rares séjours au château de La Roquebrussane, le général marquis dînait avec son fils; bien que ce fût un vendredi-saint, on avait servi des viandes, selon l'ordre exprès du maître. « Tu ne manges pas? » dit le père. « Je n'ai pas faim, monsieur. » Le vieillard se leva. « Mange! » L'enfant baissait la tête. « Tu mangeras! » L'enfant tremblait. « Mange, te dis-je! ou sinon... » L'enfant fondit en larmes; alors le général le frappa d'un coup de poing au visage; Léopold tomba sur les genoux en demandant pardon, et on dut l'emporter la bouche et le nez saignants; mais il n'avait pas touché aux viandes. Sa faiblesse, à l'occasion, se renforçait jusqu'à être indomptable. C'est ainsi qu'une femme, même très chétive d'âme et de corps, peut se hausser, amoureuse, jusqu'aux plus superbes paroxysmes de la passion, et, pieuse, jusqu'au martyre. Pendant les vacances, il compagnonnait avec Justin Cardenac, le fils d'une bonne femme qui, après quelque commerce, s'était retirée à la campagne. Plus âgé que Léopold, de quatre années au moins, vivant et turbulent, enragé liseur de livres de voyages entre une course à travers bois et une expédition en canot, Cardenac disait : « Quand je serai un homme, j'irai me battre contre les anthropophages! — J'irai avec toi, repartait Léopold; j'apprendrai la vraie religion à ceux que tu ne tueras pas. » C'est en mêlant, par la pensée, leurs avenirs, que ces deux enfants apprirent à s'aimer. Mais, ce qui, chez l'un, était vague rêverie ou consentement, était, chez l'autre, ferme propos. Justin Cardenac, adolescent viril, grand, d'une maigreur forte, avec une tignasse de nègre, portait un esprit lucide, net, direct, où l'espoir des aventures prenait une rigidité de plan; il avait le cœur sévère et pur, presque rude; et sa volonté était en lui comme une louve de fer dans de la pierre. Aucun attendrissement, sinon, le soir, quand sa mère le baisait au front, ou lorsque son ami s'appuyait à lui dans leurs promenades. Cardenac chérissait cet être peu vigoureux, languissant, d'une amitié profonde et protectrice, comme il eût chéri un tout jeune frère délicat. Mais il lui montrait rarement cette douceur, retenait les paroles caressantes qui lui venaient aux lèvres, le rudoyait au contraire, jugeant que cette rudesse, en le secouant, le solidifierait. Il lui disait : « Je ferai de toi un homme ! » Et Léopold se soumettait volontiers à la maîtrise de son aîné. Tendre, peu hardi, il admirait Justin Cardenac si ferme, si robuste, si brave, lui obéissait, avec un instinct d'être en sûreté sous cette domination, avec la confiance d'un enfant que l'on mène par la main ; et il s'attachait à lui plus amicalement toujours ; tendresse reconnaissante d'une plante frêle pour son tuteur, d'un lierre pour un chêne. Sur un seul point, celui des pratiques religieuses, Léopold se serait montré indocile ; mais Cardenac ne le tourmentait guère à ce propos ; même, bien qu'il fût, sans athéisme d'ailleurs, peu porté aux spiritualités catholiques, il ne lui déplaisait pas que Léopold eût de la religion ; comme un père libre-penseur permettrait à sa jeune fille d'aller à la messe, la laisserait faire sa première communion.

Le général continuait d'épouvanter les créatures que rien n'étonne et de fournir d'étranges échos aux journaux boulevardiers ; vieillissant, ne faiblissant pas.

Il lui arriva de rencontrer, dans un de ces salons de la colonie étrangère où l'on reçoit les gens qui passent, la comtesse Giselle d'Erkelens, née Italienne, longtemps danseuse au Caire, veuve morganatique à présent d'un petit prince d'Allemagne. Espionne peut-être, aventurière à coup sûr, elle voyageait — Londres, Pétersbourg, Berlin, Constantinople — avec son amie, qui passait pour sa sœur, la Marchisio; un air d'être riche, logeant au premier étage des hôtels retenu par dépêche, parlant trop haut du douaire que lui avait assigné son mari, faisant servir, à des soupers qu'elle offrait, des bouteilles de vin du Rhin, achetées chez le restaurateur, où l'on avait collé des étiquettes portant ces mots : Erkelens'schloss, sous une couronne comtale; en réalité, aucune fortune avérée, le prince était mort criblé de dettes, les revenus de sa principauté engagés à des juifs de Francfort et de Prague; et elle eut, à Berlin, la fâcheuse aventure, qui ne resta point secrète, d'être citée en justice par le joaillier de la cour auquel elle avait acheté à crédit pour cent mille francs de diamants revendus le lendemain à vil prix. Outre les sommes, probables, obtenues des chancelleries en échange d'obscurs services, ses plus sûres ressources provenaient de visites chez les entremetteuses dont la Marchisio, dès l'arrivée dans chaque ville, s'informait. Veuve d'un souverain, alléchant les luxures roturières par une photographie qui la montrait en robe de cour, le diadème sur la tête, la comtesse coûtait cher ; d'ailleurs, — sur une autre photographie, presque pas de robe, le bras levé pour cacher le visage, — elle avait une valeur intrinsèque : jolie encore, malgré ses trente-six ans d'Italienne, très perversement séduisante avec ses cheveux d'un noir chaud, couleur d'ébène roussi, ses longs yeux où se mouraient toujours, sous les paupières plissées, des langueurs d'après le spasme, sa bouche ouverte et molle, plus saignante dans la flétrissure de la peau, et la flexion lente, sur de larges hanches, d'une taille sans corset, qui se cintre, et l'ondulement, à chaque pas, selon le rythme, eût-on dit, d'une paresseuse danse, de tout son corps comme énervé par des fatigues d'amour, de son corps gras et las, d'où sortaient, avec des tiédeurs, des odeurs de santal et de fourrure, qui suggéraient l'idée de chaudes obscurités touffues.

Le marquis s'éprit d'elle, goulu de faisandaille autant que de primeurs.

Mais, malgré sa facilité, elle se refusa, sur le conseil de la Marchisio, intrigante fieffée, grande faiseuse de plans, trop compliquée, s'empêtrant quelquefois dans ses propres artifices. « Épousez-moi », dit la comtesse Giselle. Tel qui ne reculerait pas devant un crime, hésite devant une sottise ; M. de La Roquebrussane n'hésita point. Pour satisfaire ses désirs, tous les moyens, même les médiocres, lui étaient bons; pas plus que l'infamie il ne craignait le ridicule. Il épousa l'aventurière, pour l'avoir, comme il l'eût violée.

Triomphe de la Marchisio.

Mais le général, plus âgé, se faisait moins libéral; marié, il fut presque avare, alléguant qu'il s'était ruiné à payer les dettes de Mme d'Erkelens, un demi-million. Il lui arrivait de refuser à sa belle-sœur les sommes dont elle avait besoin, pour ses martingales, à Monte-Carlo. « Pingre! » Elle se promit un autre succès, plus décisif.

Giselle était redoutable à qui la possédait, surtout depuis qu'elle ne prenait plus plaisir à l'être; repue enfin, sans curiosité désormais ni convoitise, mais, de ses luxures d'autrefois qui la jetaient avec des morsures de louve au cou de l'homme qu'elle voulait, ayant hérité la science de les simuler, suppléant par la présence d'esprit à la sensualité défunte, pareille à ces comédiennes qui émeuvent d'autant plus qu'elles sont moins émues, du reste ayant acquis chez les entremetteuses la routine des lubricités, elle s'acharnait avec une apparente fureur qui sait ce qu'elle fait, méthodique et précise; sûrement M. de La Roquebrussane, soixante-dix ans, qu'avaient dû exténuer, si solide qu'il parût, tant de débauches, ne tarderait guère à trépasser, achevé par un lit conjugal plus libertin qu'un sopha de fille ; et, cette mort, après testament, ce serait pour Giselle, avec la liberté recouvrée, l'opulence, et, pour la Marchisio, outre des liasses de billets de banque à fourrer dans les sachets de satin passé qu'elle cachait entre son linge, l'avenir de son fils, assuré ; car elle avait eu un enfant, en voyage, on ne savait de qui, qu'elle traînait d'hôtel en hôtel, habillé comme une poupée, tout petit, joli, choyé, baisé, bousculé, à qui elle apprit elle-même à lire et à tirer les cartes, — enfant prodige, à quatre ans il faisait des réussites ! — et qu'elle employa, avant qu'il sût un peu d'orthographe, à écrire des lettres anonymes ; elle comptait aussi qu'elle serait assez riche, grâce à la reconnaissance de Giselle, pour se livrer en grand au commerce des bibelots et des étoffes rares, étant née marchande à la toilette. Vaines espérances. M. de La Roquebrussane ne se hâtait point de mourir. « Il est donc de fer ! » grognait la Marchisio, les soirs, en regardant, par-dessus l'épaule de son fils, les cartes étalées où jamais le neuf de pique, présage fatal, ne menaçait le roi de carreau, ancien militaire. Même le marquis fit un enfant à sa femme ; une petite fille que Giselle, attendrie par la maternité, voulut qu'on nommât Stéphana, en souvenir d'un danseur comique, Stéphano, son premier amant; et, quelques années après ses relevailles, Mme de La Roquebrussane mourait d'une fluxion de poitrine, gagnée une nuit d'hiver, son mari l'ayant traînée toute nue, par les cheveux, sur le balcon pâle de gel et de lune, pour l'y voir plus blanche et l'y étreindre plus fraîche.

En dépit de ce contretemps, la Marchisio, féconde en machinations et toujours pleine de projets, ne désespéra point de s'assurer une bonne part dans la succession du général qui finirait bien par rendre l'âme peut-être ! Elle avait le terrain libre : Stéphana, petite fille, élevée au couvent des Ursulines de Nemours, ne comptait pas; Léopold de La Roquebrussane, homme à présent, fuyant son père de crainte peut-être d'avoir à le mépriser, était parti avec Cardenac pour l'Afrique centrale, un de ces voyages d'où l'on ne revient, — s'il vous est donné d'en revenir, — que vieilli, brisé et tremblant la fièvre; elle pouvait agir sans crainte d'être observée. Avant tout, il fallait se rendre indispensable au marquis. Elle n'y manqua pas. Elle fut la pourvoyeuse habile, obstinée, des monstrueuses concupiscences du vieillard. Elle cherchait, quoi ? le rare, l'imprévu, l'impossible, le trouvait, et disait : Voilà, j'ai eu de la peine, se faisant valoir, comptant sur les reconnaissances du rut assouvi. Lui, satisfait de ces services, l'encourageait à les continuer; rebelle aux emprunts, mais prodigue de paroles caressantes qui sous-entendaient des promesses de récompense future, considérable. Elle avait lieu d'espérer un legs important. Quinze mille louis, trente mille louis peut-être. La Marchisio comptait par louis, ayant surtout fréquenté les gens qui jouent au baccara, honnêtement ou non. Mais avait-il fait son testament? Elle doutait, n'osant l'interroger, redoublait d'abominable zèle. Une fois, en la regardant, il parla d'un notaire qui était venu le voir. Elle ne douta plus, elle serait riche! De sorte que, malgré elle, elle lâcha un cri de joie, vite achevé en un sanglot, le matin où des sergents de ville rapportèrent sur un brancard, blême, les yeux clos, un couteau dans le ventre, du sang et de la boue sur les habits, M. de La Roquebrussane assassiné dans un de ces guet-apens nocturnes, rôdeurs et filles mêlés, où les soûleries s'achèvent en feintes querelles parmi le renversement des tables et des bouteilles qui roulent sur le plancher en dégorgeant du vin. Mais, les scellés ôtés, on ne trouva aucun testament dans aucun meuble, dans aucune cachette; la Marchisio était volée. Vieillissante, n'ayant jamais été jolie, elle ne tarderait pas, après les bijoux engagés et les reconnaissances vendues, à déchoir définitivement du

2.

rang où l'avaient tant bien que mal maintenue ses parentés et son air de n'avoir besoin de personne; ce serait, peu à peu, la misère honteuse, laide, sale, qui loge dans les hôtels garnis, à Montmartre, va chez les filles, fait la correspondance, donne des conseils, offre des occasions, emprunte vingt sous, porte toujours à la main un petit sac de moleskine plein de parfumeries au rabais. Léopold de La Roquebrussane, revenu en France, prit en pitié cette soi-disant belle-sœur de son père, dolente et quémandeuse, dont l'abjection parfaite ne lui était pas connue. Elle obtint une pension, sembla contente, ne le fut point, espéra mieux, occupée de chimères et d'intrigues. Et maintenant dix ans avaient passé depuis la mort du marquis. Des La Roquebrussane, il ne survivait que le frère et la sœur, presque étrangers l'un à l'autre, ne s'étant rencontrés qu'une fois, à la campagne, chez la vieille Mme Cardenac; lui, Léopold, trente-deux ans, habitant Paris au retour du Bida ou de l'Egbo; elle, Stéphana, postulante au couvent des Ursulines de Nemours. C'était chose décidée qu'elle prendrait le voile, son noviciat fini; mais la Supérieure, malgré les avantages que cette profession apporterait à la communauté, n'en voyait pas sans inquiétude approcher l'heure, troublée à la vue de cette grande fille trop belle, hautaine, presque brutale, dont les cheveux luisaient comme de la flamme noire, et que l'on destinait à gagner le ciel avec l'enfer dans les yeux.

II

Entre les parois vides, sous le plafond très bas où la veilleuse suspendue plaquait une rondeur blanche, qui oscillait, le dortoir des postulantes, long, étroit, avec ses douze lits, six à droite, six à gauche, imitait une crypte à la double rangée de sépulcres s'enfonçant aux deux bouts dans de l'ombre ; les corps des dormeuses, sous le blêmissement rigide des couvertures, semblaient des effigies de tombes. Mais des souffles vivaient, monotones, fondus en un seul bruit murmurant par cette concordance de rythmes que produit le voisinage des sommeils ; et, des robes pliées en quatre sur les chaises, près des couches, des jupons retournés, des bas noués aux barreaux, — laines et linges longtemps portés, — s'évaporait, gâtant des fraîcheurs de jeunesse, une effluence de féminilité rancie.

Vers le milieu du dortoir, dans la pâleur de la veilleuse, une novice ne dormait point.

Tout le buste hors des draps, elle s'accoudait au fer du lit, un poing dans ses cheveux noirs déroulés en lourdes ondes, et considérait d'un regard fixe, acharné, le mur nu en face d'elle, comme si elle eût attendu qu'il s'ouvrît sous la poussée de quelque apparition.

Trop grande pour cette couchette d'enfant, jeune fille aux maturités de femme, la chemise montante bombée par une plénitude de chair qui distendait, à la rompre, la toile, elle avait, sous son obscure chevelure roussissante par endroits, une pâleur vive et chaude, que l'apneumie claustrale n'avait pu alanguir, et presque fauve vers les tempes, avec des affleurements de sang aux pommettes ; entre le bistre des paupières, dans ses profondes prunelles brunes, une ardeur s'allumait, s'éteignait, se rallumait, pareille à un reflet de flamme dans du charbon ; ses narines mobiles, cintrées, montraient un peu de leur envers rose et sombre, tandis que sa bouche mi-ouverte, aux lèvres grasses, qui avait la brutalité d'une blessure récente, découvrait des dents larges, égales, d'un blanc mat, bien plantées dans la rougeur charnue des gencives. Et, de tout son jeune corps, où une vitalité incoercible devait battre les veines et courir sous la peau comme un pigment de feu, s'exhalait une chaleur d'épanouissement. Entre ces sommeils de vierges chétives, étriquées, exiguës, qu'on eût dites serrées de bandelettes ainsi que de petites momies et qui affadissaient l'air d'une odeur de renfermé, elle était, la violente créature, comme l'éclosion parmi des plantes d'herboristerie d'une grande fleur sauvage.

Elle regardait le mur, dans une roideur d'hypnotisée, avec cette intensité de passion qui force à prendre corps la chimère qu'on convoite. Ce qu'elle voulait voir, elle le vit sans doute, car ses yeux, tout à l'heure écarquillés et secs, maintenant attendris d'un glissement de larmes, exprimèrent un ravissement éperdu; elle avança la tête parmi le désordre écarté des cheveux; ses bras, joints dans une courbe d'étreinte, laissaient entre eux et la gorge soulevée l'espace d'une présence qu'elle cherchait, qu'elle trouvait, de ses lèvres mouillées de joie. Ce fut comme une extase. Puis, tout à coup, avec le recul tremblotant d'une folle qui a peur, ses mains devant ses paupières closes, elle se détourna, s'écarta jusqu'à heurter des reins le dossier de la couche, fuyant, pleine d'horreur, ce qu'elle avait vu, enlacé, baisé. Effroi qui dura peu. Maîtresse d'elle-même, elle rejeta d'un secouement de chevelure les vaines épouvantes. Assise sur le lit, elle apparaissait farouche et hautaine, comme dans l'orgueil d'un crime réalisé : un air de défi à tous les reproches et à tous les châtiments! le haut-la-tête d'un damné fier d'être impardonnable! Lorsque, les bras croisés, elle abaissa son regard vers les petites novices endormies et souriant, le souffle égal, à la puérilité de quelque humble songe, elle avait dans les yeux ce mépris de l'innocence, qui est la gloire du remords.

Du fond de la salle, une forme obscure, distincte de l'ombre par plus d'opacité, s'avança silencieusement entre la double rangée de lits. Sous le cercle lumineux de la veilleuse, elle fut brutalement blanche et noire à cause de la coiffe de toile et de la robe de bure, avec un peu de peau ridée entre le frontal et la guimpe.

C'était la mère des novices; elle couchait tout près du dortoir, dans une cellule dont la porte, la nuit, restait toujours entre-bâillée.

Elle s'arrêta devant le lit de la postulante qui ne dormait point.

— Stéphana, dit-elle à voix basse, Madame la Supérieure désire vous parler.

— Ce soir ?

— Oui, tout de suite. Levez-vous. Habillez-vous. Faites le moins de bruit possible, pour ne pas éveiller vos compagnes.

La novice ébaucha un geste de refus, qu'elle n'acheva point. « Je vous suis, » dit-elle, curieuse du motif de cet ordre insolite, ou vaincue par l'habitude de la discipline. Elle repoussa les couvertures et glissa du lit. Sa chemise dans ce mouvement s'était rebroussée jusqu'à mi-cuisse : ses jambes, à la cheville garçonnière, sveltes et un peu duvetées de brun au-dessous du genou, très grasses au-dessus, apparurent en pleine lumière ; de la chair nue, là, dans la modestie dévotieuse du dortoir, eut l'insolence d'un sacrilège ; la mère se détourna, prit son rosaire, balbutia une oraison. Même elle ne regarda pas la postulante quand celle-ci, vite habillée, eut murmuré : « Je suis prête. » Elles traversèrent la salle sans bruit, dans la direction d'une porte basse qui ouvrait sur un long couloir noir et jaune éclairé d'une seule lampe. Derrière la vieille nonne menue et trottinante avec un air de fuite, Stéphana faisait des pas mesurés, haute et belle, royale en son vêtement de laine ; elle avait omis, dans sa hâte sans doute, de cacher ses cheveux sous le serre-tête de toile blanche; ils lui coulaient le long du dos, en grandes ondes, magnifiquement.

III

Un coup frappé à la porte de la cellule fit tressaillir la mère Marie-Angélique, en oraison muette, les genoux sur le bois du prie-Dieu, les mains jointes sous le menton; elle leva la tête, pour dire : « entrez, » la baissa très vite, comme effrayée à l'aspect de Stéphana qu'elle attendait cependant.

Quiconque songe, doute. Le divorce de la foi d'avec la réflexion est un fait accompli. Autrefois, et naguère, sans doute par l'effet de la discipline atavique, les intelligences n'entraient pas toujours en révolte contre le mystère, le constataient, ne le contestaient pas ; on pouvait être un vaste esprit et un esprit simple, raisonner et affirmer, savoir et croire ; Pascal qui, en sa lutte contre l'objection sans cesse renaissante, gardait la certitude ou s'y contraignait, a été possible. Pour s'expliquer Bossuet, fanatique et dur, Fénelon, défaillant de béatitude, il n'y a nul besoin de recourir à des soupçons de féroce ou tendre hypocrisie ; ils furent des penseurs, sans cesser d'être des chrétiens. Aujourd'hui, toute rêverie engendre l'appréhension de l'erreur ; et les plus puissants esprits sont les plus tourmentés ; « il ne faut pas se faire une trop haute idée de Dieu ! » je ne connais pas de plus amère parole. On frémit à cette idée : une grande âme religieuse ayant pour torture, précisément à cause de sa grandeur, l'irréligion. Le sacerdoce même n'implique pas la paix de conscience. On est évêque, cardinal, on est pape ! et l'on n'est pas sûr du Dieu que l'on promulgue. Malhonnête, le prêtre se console par le ricanement intime ; mais, honnête, quelle épouvante, et quel remords ! Donc, il y a, d'une part, ceux qui croient, n'ayant pas pensé, et, de l'autre, ceux qui n'osent croire, ayant osé penser. De là l'imbécillité presque générale des hommes et des femmes qui peuplent les cloîtres d'à présent. Nul n'y entre, ou, entré, n'y demeure, à moins qu'il n'ait ou qu'il n'acquière l'imperturbable sérénité de l'abrutisse-

Si, tout à coup, jetée hors de sa science inexperte, elle s'était trouvée en présence du péché vivant, sa stupéfaction, pour le moins, eût égalé son horreur. Puis, elle aurait frémi, comme prise en faute elle-même. Car elle gardait les peurs, et cet instinct de recul, d'un enfant qui n'a jamais su ce qui se passe de l'autre côté du mur. Son élévation dans la hiérarchie conventuelle ne l'avait pas délivrée des timidités chétives d'un premier âge opprimé; au contraire, elle se sentait plus petite sur cette hauteur, avec un effroi, toujours, de la chute. Un sentiment de son indignité, très étroit, puéril, qui n'avait rien de commun avec l'humilité sublime des grandes âmes chrétiennes, l'inquiétait incessamment; née pour la soumission, elle s'épouvantait de sa maîtrise; le son de ses paroles, quand elle ordonnait, la secouait comme si elle eût reçu l'ordre qu'elle intimait; cette première émotion passée, il lui venait la crainte, plus durable, d'avoir désobéi à la volonté secrète de celles à qui elle imposait la sienne. Une brebis qui aurait la garde d'un troupeau, voilà ce qu'elle était. Les soirs, dans le chœur, après la prière, les bras tendus sur ses ouailles, jamais elle ne pouvait, courbant le front malgré elle, retenir le tremblement de ses petites mains molles, et, en donnant la bénédiction, elle avait l'air de l'attendre.

maison du Seigneur. Jésus, qui avait des épouses, n'a désormais que des servantes ; le paradis, ce sera l'arriéré de leurs gages, payé enfin.

Aucune converse n'était plus simple que la mère Marie-Angélique, Supérieure des Ursulines de Nemours. La cinquantaine passée, elle différait peu, physiquement, de l'oblate ingénue qu'elle avait été, au temps de son enfance dévote par discipline et pratiquante sans ferveur ; la voyant d'un peu loin, presque naine et mignonne, avec la bouffissure blanche de sa petite face ronde où des yeux sans cils s'effaraient, on n'aurait pu dire si elle était encore jeunette ou vieillotte déjà. L'esprit, chez elle, ne s'était guère plus développé que le corps. Ses candeurs, grâce à l'ignorance de tout ce qui est la vie, s'étaient continuées et comme solidifiées en une parfaite niaiserie. Sans regrets ni impatience, elle ne songeait pas plus au monde d'ici-bas qu'au monde de là-haut ; elle avait admis, une fois pour toutes, qu'elle était morte à l'un par la volonté du Seigneur et qu'elle naîtrait à l'autre quand il plairait à Dieu. Elle ne s'ingéniait pas jusqu'à concevoir le vice ou la vertu en leurs réalités, incapable de voir des choses derrière ces mots, s'en tenant à l'abstraction catéchétique ; comparable à un soldat qui ne saurait de la bataille que la théorie militaire ou l'exercice dans la caserne.

Si, tout à coup, jetée hors de sa science inexperte, elle s'était trouvée en présence du péché vivant, sa stupéfaction, pour le moins, eût égalé son horreur. Puis, elle aurait frémi, comme prise en faute elle-même. Car elle gardait les peurs, et cet instinct de recul, d'un enfant qui n'a jamais su ce qui se passe de l'autre côté du mur. Son élévation dans la hiérarchie conventuelle ne l'avait pas délivrée des timidités chétives d'un premier âge opprimé; au contraire, elle se sentait plus petite sur cette hauteur, avec un effroi, toujours, de la chute. Un sentiment de son indignité, très étroit, puéril, qui n'avait rien de commun avec l'humilité sublime des grandes âmes chrétiennes, l'inquiétait incessamment; née pour la soumission, elle s'épouvantait de sa maîtrise; le son de ses paroles, quand elle ordonnait, la secouait comme si elle eût reçu l'ordre qu'elle intimait; cette première émotion passée, il lui venait la crainte, plus durable, d'avoir désobéi à la volonté secrète de celles à qui elle imposait la sienne. Une brebis qui aurait la garde d'un troupeau, voilà ce qu'elle était. Les soirs, dans le chœur, après la prière, les bras tendus sur ses ouailles, jamais elle ne pouvait, courbant le front malgré elle, retenir le tremblement de ses petites mains molles, et, en donnant la bénédiction, elle avait l'air de l'attendre.

Ainsi faite, elle s'était toujours alarmée de Stéphana, même au temps où celle-ci, dans la fougue des premières ferveurs, priait le jour et la nuit, multipliait les dures pratiques, exigeait des pénitences, édifiait tout le couvent par l'exaltation de sa foi. Cette façon de se ruer dans la sainteté comme une amante se jetterait au cou d'un homme, effarait la médiocre et méthodique Supérieure ; son « juste assez » eut peur, instinctivement, de ce « trop » ; elle sentait que la jeune fille était possédée, de Dieu sans doute, mais comme les sibylles. Puis tant de fureur, sans se ralentir, parut changer de but; la pensée lui vint que Stéphana, toujours possédée, ne l'était plus de Dieu, l'était de Satan; ainsi, dans un vase maudit, le miel deviendrait poison. De nouveaux indices la confirmèrent dans son soupçon. Elle avait mandé la postulante. Mais, au moment de l'interroger, elle hésitait, dans le pressentiment d'un scandale. Elle évitait de regarder cette grande fille hardie, de qui, essoufflée de peur, elle entendait, là, tout près d'elle, le souffle régulier. Elle s'était remise en prière, les yeux clos, les mains sous le menton.

— Ma fille, dit-elle enfin sans se tourner vers Stéphana, j'ai intercédé pour vous, ce soir, auprès de Notre-Seigneur; il m'a été inspiré de vous faire venir, malgré l'heure indue.

Elle attendait sans doute une parole en remercîment de sa pieuse sollicitude; elle eût pris courage dans une manifestation de reconnaissance. Pas de réponse. Elle soupira, comme en l'effort de soulever un fardeau; elle reprit :

— J'éprouve à cause de vous de grandes inquiétudes. Il me semble que vous vous détournez du bon chemin, ma fille, du chemin qui mène au salut. Je m'accuse : j'ai eu tort de vous autoriser à demeurer deux mois, votre noviciat étant commencé, hors de la communauté, auprès de Mme Cardenac, malade, qui vous réclamait; car, de ce séjour dans le monde, vous êtes revenue singulièrement changée. Vous ne remplissez vos devoirs qu'avec une répugnance dédaigneuse, dont vos sœurs se scandalisent; vos distractions à la chapelle sont manifestes et donnent le mauvais exemple. C'est demain le saint jour de Pâques; vous ne vous êtes pas approchée du tribunal de la pénitence. Suis-je mal informée? Qu'avez-vous à répondre?

Stéphana dit brutalement :

— Rien.

— Miséricorde! il est donc vrai! gémit la Supérieure en frappant du front le bois du prie-Dieu, qui sonna; vous n'êtes pas allée à confesse, la veille de la communion pascale! Oh! ma pauvre enfant, pourquoi?

— Parce que je n'ai pas appris à mentir, même dans les hypocrisies du cloître! Et si je me révélais tout entière au prêtre qui interroge, la foudre de votre dieu écraserait le confessionnal!

Sous cette emphatique violence, la mère Marie-Angélique tressauta. Elle avait levé la tête; elle regardait Stéphana, enfin. Mais elle était plus blême que sa guimpe, et ses lèvres tremblaient.

L'autre, à présent, allait et venait par la cellule, comme prise de folie, disant, les dents serrées, par saccades :

— Oui, vous avez raison, changée, tout à fait changée. Si je rencontrais l'enfant que j'étais, je ne la reconnaîtrais pas. On m'a mise, toute petite, et l'âme toute molle, dans ce couvent, comme en un moule; on avait fait de moi je ne sais quoi de chétif, de nain, de retourné en dedans : je me suis détirée, et redressée, en quelques jours de libre vie. Rentrer dans l'étroitesse de l'obédience, de l'oraison, du jeûne, tenir dans ces clôtures, je ne le peux plus : j'ai grandi. Prenez garde! Délivrez-moi! ou je romprai tout. Je me sens redoutable comme la poussée d'un chêne dans une serre. On ramassera autour de moi des pudeurs, des respects, des ferveurs, volés en éclats, brisés. Je ferai des dégâts dans votre onction. Prenez pitié de moi, et de vous; j'ai peur de devenir terrible. Déjà je me domine mal. Demain, je ne me vaincrai plus. Savez-vous de quoi j'avais envie, ce matin, pendant la messe? de chanter à tue-tête une chanson de plaisir sur l'air de l'*Agnus Dei*. J'ai des besoins de parodie, d'insulte brutale et basse. Renier, profaner, tout, l'autel, l'ostensoir, les cierges, je le veux, quand vous adorez. Votre douceur m'exaspère ; vos prières me conseillent le blasphème. Dire que j'ai été assez stupide pour croire comme vous, pour m'humilier comme vous, — plus que vous, — en d'absurdes extases ! Tenez, il y a chez la mère des novices une médaille bénite, sur laquelle on a gravé, d'un côté, un coin de paradis où s'agenouillent des anges, de l'autre, un coin de l'enfer où les réprouvés exultent dans l'horreur de la damnation : je suis cette médaille, à l'envers. Car me voici damnée, oui, toute damnée, je le sens, j'en suis sûre. Ma révolte s'est ruée, d'un seul élan, dans le mal extrême, au delà du pardon. J'ai trop grandi! parce que j'avais été trop rapetissée, justement; et mal grandi, de travers. J'ai cessé d'être naine; je reste difforme; pourquoi? à cause des compressions antérieures; et, libre, je ressemble à la lame d'une gaine torse. Seulement, par une nécessité de compensation, je suis difforme en sens inverse des gênes d'autrefois. Ah! croyez-moi, ma mère, je suis très effrayante. Et je ne me repens pas d'être telle. J'avais l'horreur du mal; j'en ai l'orgueil; je suis prête à ma destinée. Oui! et il faut que je la remplisse! C'est pourquoi je vous dis toutes ces choses. Renvoyez-moi d'auprès de vous, chassez-moi de ce cloître; si je restais parmi ces dévotes et sottes filles, il n'en résulterait rien de bon pour elles ni pour moi. Voulez-vous le scandale du voile foulé aux pieds, le jour de la cérémonie suprême, dans l'effarement des nonnes et le silence épouvanté de l'orgue? Je vous jure, ma mère, qu'on ne coupera pas mes cheveux. Voyez comme ils sont beaux! et ils sont plus beaux encore, en leur ruissellement profond, sur moi toute, quand je suis nue. Allons, je vous répète que je veux sortir d'ici. Faites ouvrir les portes, oui, ce soir, à l'instant même. J'irai au hasard, par les routes; tous les chemins sont bons, qui s'éloignent d'une geôle; et, si vous tenez à l'argent, s'il vous en faut pour restaurer quelque chapelle ou redorer quelque sainte, je vous offre le double de ma dot pour la rançon de ma vie!

— Possédée! possédée! répétait la mère Marie-Angélique en se signant sans repos d'une petite main vacillante.

Puis elle balbutia :

— Certainement, le démon de l'impudicité et le démon de l'orgueil sont en vous. Humiliez-vous, macérez-vous. La miséricorde divine est infinie. Passez cette nuit en prière, faites votre examen de conscience, et, demain, dans une confession générale...

Mais Stéphana s'était rapprochée; du sang aux joues et de la flamme aux yeux, elle s'inclinait vers la Supérieure, la surplombant; ses cheveux noirs éployés semblaient à la mère Angélique les grandes ailes sombres d'un ange réprouvé.

D'une voix stridente, qui criait presque :

— Mais vous ne m'avez donc pas entendue? Vous ne m'avez donc pas comprise? Ma faute, je vous le dis, ma faute, où je me plais, ma faute, abominable et délicieuse, n'est pas de celles qui s'expient ni de celles qui peuvent être absoutes, et son énormité défie la pénitence autant que la miséricorde!

— Oh! quel est donc votre péché, malheureuse?

Stéphana, à cette parole, eut un grand éclat de rire.

— Vous le demandez? vous voulez le savoir, vous!

Puis elle se tut. Elle songeait. Enfin, comme après une résolution prise :

— Soit, ma mère, je parlerai. Pourquoi non? N'est-ce pas un de vos privilèges que d'entendre, quand il vous plaît, la confession de vos nonnes?

— Il est vrai, dit la mère Marie-Angélique.

Elle se sentait un peu moins troublée; elle retrouvait du calme à cause d'une fonction à exercer, d'un rite à accomplir.

Elle se recueillit.

— A genoux, ma fille.

Stéphana s'agenouilla devant le prie-Dieu.

— Maintenant, je vous écoute.

Alors la pénitente, courbant la tête, se mit à parler bas, très bas, comme au confessionnal.

Elle avait à peine prononcé quelques paroles que la mère Marie-Angélique, frémissante, les yeux fous, poussa un cri plaintif, un long, long cri plaintif, comme celui d'une bête faible qu'on égorge; dressée, les bras en l'air, elle recula jusqu'en un coin de la cellule, où elle se laissa choir, glissant le long du mur; et elle criait toujours, plaintivement.

IV

A quelques jours de là, Léopold de La Roquebrussane était seul dans la bibliothèque, au second étage de son hôtel. Une lampe, sous l'abatjour opaque, parmi un désordre de paperasses et de livres ouverts, n'éclairait que la table; parfois, hors des braises écroulées du foyer, le sursaut d'une flambée frissonnait dans le miroitement du parquet, zigzaguait sur une cloison ou dans la noirceur diaphane d'une vitre, avivant les incrustations et les cuivres d'une panoplie ou des dos de reliures; la pièce, vaste, avait un air de mélancolie et d'ancienneté, avec ses boiseries presque noires, dédorées, qui s'éteignaient tout à fait dans les angles où l'obscurité mettait du lointain.

M. de La Roquebrussane, accoudé à la table, regardait fixement une enveloppe posée devant lui, pas ouverte, portant le timbre de la poste.

C'était un homme à l'air doux et réfléchi, avec les fatigues déjà de la jeunesse finissante, quoiqu'il n'eût pas plus de trente-deux ans; languissait-il exténué avant l'âge par les malarias africaines, comme s'obstinait à le croire la Marchisio en son attente incorrigible d'une fortune qui lui avait déjà échappé, ou bien, né faible, résistait-il mal aux excès, nouveaux pour lui, excès de toute sorte, dont il se surmenait depuis quelques mois? Ce fut un légitime sujet d'étonnement de voir ce gentilhomme aimable et fin, religieux d'ailleurs, ayant dans le regard, dans la parole, dans le geste, une délicatesse presque féminine et comme des réticences de pudeur facilement alarmée, consentir à des grossièretés de débauche, d'où le bon goût, à défaut du sens moral, aurait dû le dissuader. Ses travaux de naguère, relations de voyage, études ethnographiques dans les revues spéciales, et la mise en ordre de tant de notes éparses, tous les soucis d'une intelligence érudite et minutieuse, cessèrent de l'intéresser d'un jour à l'autre, sans la transition du peu à peu; ce n'était pas un secret pour les gens de son monde qu'il passait les nuits au tripot, en proie aux émotions bêtes du jeu, ou dans les cabinets des restaurants nocturnes avec des filles, le corsage ouvert, qui tapotent d'un doigt des souvenirs de quadrilles et d'opérettes sur le clavier sale des pianos détraqués; il sortait de ces bouges, très pâle, la démarche mal sûre, l'habit presque en désordre, à ces heures matinales qui éclairent d'un jour si cru les saletés de la rue et celles des consciences. Une chanteuse de café-concert, récemment, s'était rendue célèbre par ses allures canailles de faubourienne, par le débraillé de ses robes ne tenant pas, failles ou velours tout de suite chiffons, qui lui donnaient, les seins dehors, l'air d'une fille mal rhabillée entre deux visites de passants. Devenue cabotine et restée rouleuse, elle portait ce nom : Loulou Antoine; double pseudonyme, souvenir d'amour et souvenir de patrie, « Loulou, » à cause d'un rôdeur au sexe douteux, qu'elle suivit, petite fille, « Antoine, » à cause du faubourg natal; c'est ainsi que Vénus s'appelait Cypris Adonias. Loulou Antoine était la maîtresse de M. de La Roquebrussane. Il avouait, étalait la bassesse de sa fantaisie. On le voyait avec cette créature à peine jolie, trop grande, trop grosse, trop rousse, dont l'effronterie avait la crudité d'un juron, dans des avant-scènes, dans des voitures ouvertes; on devinait qu'il devait la suivre dans l'ignominie des cabarets et des bals de barrières, autour des tables en bois peint, striées de coulées liquoreuses, et ailleurs, partout où la ramenait la nostalgie de l'ordure originelle. Quelques vieux Parisiens, qui avaient connu le général de La Roquebrussane, murmuraient, en hochant la tête, un exemple de grammaire latine : *talis pater*, *talis*... Explication trop facile. Il y avait peut-être à la conduite de Léopold une cause mystérieuse, obscure, que ne démêlait point l'observation banale. A une camarade de coulisse, ancienne femme de chambre de cocottes, qui lui disait : « Une chic place, que la tienne ! — Pour sûr! répondit Loulou ; et rien à faire! » D'ailleurs, M. de La Roquebrussane, dans la vilenie apparente de ses libertinages, n'avait pas ces furieuses impétuosités de bête, qui singularisèrent le rut paternel; il y demeurait paisible, presque timide, avec des tristesses. Que s'il s'y était adonné comme à quelque affreuse tâche, inévitable, fatale, il n'aurait pas eu l'air plus mélancoliquement résigné. Une langueur, toujours, était visible dans ses grands yeux bleus, profonds, restés si purs, pareils à ceux de sa mère, dans le sourire plaintif de ses lèvres pâles, dans ses gestes lents qu'un tremblement de nerfs retenait sur le bord de l'action; et il gardait, en sa déchéance, la distinction suprême du deuil.

Il regardait toujours la lettre sur la table, ne l'ouvrait pas. L'écriture de l'adresse était nette, ferme, hardie, une écriture de femme cependant, mais sans mièvrerie, égale et prompte, indice d'un vouloir direct. Une fois, les yeux traversés d'une lueur, il tendit la main vers l'enveloppe, la saisit, comme résolu à la décacheter. Il s'arrêta. « Non! » dit-il à voix haute; ses yeux s'éteignirent sous les paupières baissées. Puis, tourné vers le foyer, il y jeta la lettre, qui s'alluma très vite, se recroquevilla, ne fut plus qu'une transparence grise, se cassa, s'émietta, s'envola dans la cheminée avec les flammes. Maintenant, il était de nouveau accoudé à la table; il tenait son visage dans ses mains, le cou ployé; entre ses doigts une goutte un peu trouble glissa comme une perle détachée d'un chaton : c'était une larme qui coula, tomba, à cette place où n'était plus la lettre.

Il y eut dans l'antichambre voisine un brusque remue-ménage, avec des exclamations de valets empressés, la bousculade joyeuse d'une arrivée imprévue; puis, la porte vite ouverte :

— Me voilà! cria Justin Cardenac en se jetant violemment au cou de son ami.
— Toi!
Et Léopold avait les yeux mouillés de joie.

V

Car le temps n'avait pas désuni ces deux cœurs. Léopold et Cardenac, en leur âge mûr, s'aimaient comme ils s'était aimés enfants ; avec la même admiration tendre, un peu craintive, de la part de Léopold, avec le même rude amour, dominateur, de la part de Cardenac. Celui-ci était devenu le héros et le robuste honnête homme que promirent ses puériles bravoures et ses jeunes sévérités de conscience ; il avait, avec je ne sais quoi de brutal, et de joyeux aussi, le parti pris de la magnanimité et de l'honneur. Quatre voyages en Afrique, — M. de

La Roquebrussane l'avait accompagné dans les trois premiers, pourquoi ? parce que Cardenac lui avait dit : « Nous partons ! » — quatre longs voyages parmi les menaces de l'inconnu lui avaient donné un autre ami, le danger, auquel il préférait à peine Léopold ; et, à l'écart de la civilisation européenne, il avait gardé intacte, et se solidifiant toujours, sa forte pureté de cœur. Une faiblesse morale lui aurait été aussi impossible qu'une lâcheté physique ; il ignorait toutes les espèces de défaillance. Et il n'admettait pas davantage la miséricorde à l'égard des autres qu'à l'égard de soi ; il n'aurait pardonné à personne, pas même à Léopold, une faute qu'il ne se serait pas pardonné à lui-même. Presque chef de troupes, par l'habitude de commander à beaucoup d'hommes dans ses marches à travers le désert, il jugeait que la vertu est une discipline à laquelle tous doivent obéissance. Il était très redoutable et très redouté, en expédition, à cause de son âpre justice et de sa célérité à punir : une fois, — Léopold présent, — il fit sauter la tête d'un coup de revolver à un arabe coupable d'avoir volé une dernière bouteille de vin réservée à un malade ! Dans la vie sociale il n'eut pas été un juge moins sévère ni un bourreau moins prompt. D'ailleurs, — et son inclémence en était la preuve, — il manquait quelque chose, pour être vraiment grands, à cet esprit judicieux, à ce ferme cœur : quoi ? l'élargissement jusqu'à la conception de l'idéal. Il acceptait les règles sociales, s'y soumettait, exigeait que les autres s'y soumissent, ne voyait rien au delà. Tout, en lui, marchait vers un but fixe, avec assurance, sans déviation, mais rien ne s'envolait. Il eut peut-être douté d'une vertu étrange, presque divine ! car il n'en eût pas été capable. Il ne dépassait pas l'humanité. Il n'était que parfait. De même, il n'eut pas admis, pour excuse d'un crime, l'une de ces passions extrêmes, presque belles tant elles sont énormes, qui sont l'étonnement de la conscience, et qui cessent d'en relever, à force de grandeur, comme un roi n'est pas soumis à la loi commune ; non, il n'aurait vu que le crime, et l'eut châtié. Mais, justement, parce qu'aucune chimère n'était en lui, — héros qui eût entrepris la conquête du monde et ne se serait pas soucié de la conquête du ciel, — il exerçait sur son ami, toujours troublé de rêves, une maîtrise absolue. Certes, Léopold l'aimait, se sachant aimé de lui ; et il admirait en son paternel aîné la bravoure, la bonne foi, l'honneur rigide, toute cette irréprochable humanité ; mais il le craignait aussi, — sans tentative ni espoir de rébellion, — parce qu'il sentait en cette nature simple, vigoureuse et rigoureuse, le dédain des vaines pensées !

Cardenac le maintenait, l'obligeait à se poser ; comme on arrête, par l'aile, un faible oiseau. Cardenac, c'était la Raison courroucée.

VI

Les deux hommes se tinrent longtemps embrassés. Depuis un an, ils ne s'étaient pas vus; Cardenac, voyageant dans la vallée du Niger, avait rarement donné de ses nouvelles. Rapprochés par cette étreinte, leurs cœurs se gonflaient de joie; et tant de bons souvenirs s'épanouissaient en eux : la camaraderie de leurs enfances fraternelles, les projets, les premiers voyages, les dangers communs, les nuits de causerie, après la frugalité des brefs repas, sous un ciel aux étoiles nouvelles, tandis que dormaient, en groupes inégaux, dans les hautes herbes, les chameliers et les bêtes ; les rivières traversées à la nage, carabine aux dents, sous les flèches des Noirs, si promptes qu'elles perçaient l'eau sans une éclaboussure ; et, pendant les haltes que prolonge la fatigue ou la maladie, le verre enveloppé d'osier tendu par l'ami, dont le sourire dissimule mal une tendre inquiétude, aux lèvres de l'ami assoiffées par la fièvre ; puis, à l'aurore, parmi les fraîcheurs de l'air et des rosées, le nouveau départ vers un autre inconnu, avec les rêves du bon sommeil continués et précisés en espoirs dans la bravoure du réveil !

Cardenac se dégagea le premier ; ses mains sur les épaules de Léopold, il le fit asseoir près de la table, dans le rayonnement de la lampe.

— Laisse-moi te regarder !

Il fronça le sourcil.

— Hein ! tu est malade ?

— Mais non, je t'assure.

— Tu es malade ! Tu as le bord des yeux rouge et les lèvres pâles, comme une fille anémique. Sacrebleu ! est-ce que tu souffres ?

— Un peu de fatigue, rien de plus.

— Ah ! votre nom de Dieu de Paris ! comme il étiole et comme il dévirilise. C'est la ville femme, la femelle de l'Europe, et quelle femelle ! ni chair, ni sang, ni os ; du maquillage, rien dessous. En descendant du train, j'ai cru que j'entrais dans une boutique de parfumerie; cette odeur est plus sensible à qui en a perdu l'habitude; elle m'a sauté au nez, elle m'a poursuivi dans la rue, dans le fiacre, dans ton escalier; ici, chez toi, je la sens encore. Ce qui vous délabre, ce n'est pas de vivre entre quatre murs, dans l'étouffement du gaz qui dévore l'air; non, c'est la poudre de riz. Il en sort de partout, parfumée ou puante, des théâtres, des cafés, des magasins, des ateliers et des égouts; elle se répand, invisible, comme un miasme. Quelle poudrette, cette poudre-là! On la hume mêlée à l'air, on en boit dans le vin, on en mange dans la viande; il y en a sur les pavés, sur les murs, il en monte des cheminées, vers les nuages, d'où elle redescend avec la pluie! car, dans vos rues, il n'y a pas à dire, la pluie sent la poudre de riz, comme si l'eau du ciel tombait d'une cuvette de fille. De là, les névroses, les détraquements. Il suffit d'un grain de poussière pour arrêter ou pour désagencer un mouvement de montre; juge de ce que peut produire, dans la machine humaine, cette continue absorption de toute la poudre de riz éparse, qui glisse, s'insinue dans l'estomac, dans les poumons, dans le cœur et dans la cervelle!

Justin Cardenac, peut-être par exubérance naturelle, peut-être par la nécessaire habitude d'égayer l'ennui ou le péril des expéditions lointaines, avait de ces boutades, pas élégantes, d'une facétie un peu grosse, qui n'évitaient pas les jurons, allaient jusqu'au calembour: puis, se trouvant drôle, il éclatait de rire. C'était un grand cœur, qui n'avait pas d'esprit. Le plus souvent, la parole chez lui s'égalait à l'action, superbes toutes deux ; d'autres fois, c'était un joyeux homme, sans distinction, avec des drôleries de camp ou de chambrée. A Paris, M. de La Roquebrussane, délicat, subtil, sensibilisé à l'extrême par l'abus de la rêverie, souffrait de ces vulgarités, de ces fautes de goût. A mille lieues du boulevard, dans la perplexité de l'inconnu sous tant de formes, lacs, fleuves, forêts, sables, hommes, animaux, climats, le lendemain d'un guet-apens et la veille d'une embuscade, entre la soif et la soif, entre la fièvre et la fièvre, loin du départ et loin de l'arrivée, le danger du retour égal au danger de la marche en avant, — la nuit surtout, sous la tente que cerne une approche de bêtes inconnues, — cette gaîté-là, c'était sublime.

— Tiens, regarde, continua Cardenac, j'ai eu la fièvre jaune à Ju-ju-Twon et la variole noire à Omodeno; j'ai marché seul, pas de provisions, plus d'armes, quatre jours et quatre nuits, dans les criques desséchées d'Ubuniké, sans mâcher autre chose que des racines de mangroves, qui m'écorchaient les lèvres, faisaient saigner mon palais et mes gencives, et, dame, comme j'avais soif, j'avalais mon sang; eh bien! regarde!

Assis à son tour, le voyageur montrait en pleine lumière sa maigre face robuste, à la peau ferme, aux rides dures, hâlée et rosée à la fois, où éclatait, dans la vie des yeux et de la bouche, toute la belle humeur de sa forte santé; puis, frappant des deux poings sa poitrine qui sonna profondément : « hein! quel coffre! » dit-il dans sa bruyante hilarité.

Mais depuis un instant, M. de La Roquebrussane n'écoutait plus, gardant un air d'attention souriante; après la secousse heureuse de ce retour, était-il déjà retombé dans la langueur qui lui était ordinaire? ou bien, la première joie éteinte, s'inquiétait-il au fond de lui, pour une raison ou pour une autre, de la présence de Cardenac, peut-être redoutable? il jouait d'une main distraite, sur la table, avec un canif anglais aux cinq lames ouvertes; l'autre, joyeusement, bavardait toujours :

— Puis, je me porte bien, parce que je suis content, et tu vas l'être aussi. Deux nouvelles, mon camarade! D'abord le docteur Blake et le professeur Tempel sont des ânes bâtés. Ça, des géographes, des explorateurs? Je hausse les épaules. Ils ont osé dire que le Meodowbank, tu sais, un affluent du

Niger, prend sa source dans le mont Okéri, sur le territoire des Bassas ; eh bien ! moi, j'ai remonté le cours de cet affluent, et j'ai vu de mes yeux, tu m'entends, oui, vu, le Meodowbank, tout petit, pas plus large qu'un ruisselet, sortir d'un lac du mont Enskine, à cinq cents pieds au-dessus du niveau de la mer, dans le pays des Wefas ! Hein, quel camouflet pour le Tempel et pour le Blake ? Sont-ils assez battus, assez convaincus d'imbécillité ou de mensonge ? Tu dois avoir une carte de l'Afrique centrale, je vais t'indiquer le véritable cours de mon affluent.

— Oui, tout à l'heure, dit Léopold de La Roquebrussane dans un bâillement détourné. Et l'autre nouvelle ?

— L'autre ? ah ! oui. Elle te concerne.

— Moi ?

— Pas précisément. Ta sœur. Tu ne sais pas où est la carte d'Afrique ?

Léopold s'était levé en sursaut. Sa face, maintenant, plus haute que l'abat-jour, se masquait d'ombre. Il demanda, la voix brève :

— Tu as vu Mlle de La Roquebrussane ?

— Non. Où l'aurais-je vue ? dit Cardenac, préoccupé, furetant parmi les papiers mêlés de la table. Mais, avant de venir à Paris, je me suis arrêté chez ma mère, à Castel-Lauterès, et c'est d'elle que j'ai appris.... Suis-je bête ! Stéphana t'a écrit ; tu es au courant de l'aventure, d'une partie de l'aventure au moins.

— Je n'ai pas reçu de lettre, dit Léopold avec un rapide coup d'œil vers la cheminée. Mais, pour l'amour de Dieu, cesse donc de chercher cette carte! c'est impatientant, à la fin.

— Tu es nerveux!

— Nerveux, soit. Mlle de La Roquebrussane?...

— Une bonne nouvelle, rassure-toi. Ta sœur va quitter le couvent, et ma mère songe à la marier avec M. Roger Sourdeval. Tu le connais. Oui, vous vous êtes vus à Lauterès. Ah çà! voyons, qu'as-tu? Mais, bon sang de Dieu! tu t'évanouis! s'écria Cardenac en se précipitant vers Léopold, qui était tombé dans le fauteuil, très pâle, le menton vers la poitrine.

— Ce n'est rien. J'ai fermé ma main, par mégarde, sur ce canif ouvert, le mal m'a surpris. Vois, je saigne un peu.

— Femmelette! dit Cardenac avec un haussement d'épaule.

Et il alla vers un rayon d'in-folios, en quête de quelque atlas. Il n'avait qu'une pensée : indiquer à son ami le véritable cours du Meodowbank. Il n'entendait pas la respiration de Léopold, haletante. Celui-ci se releva lentement. Bientôt il fut debout contre la cheminée, cramponné d'une main aux saillies du chambranle, la tête haute, la crispation de ses traits moins visible dans les ténèbres. Enfin, d'une voix qui tremblait à peine :

— Ah ! vraiment, Mlle de La Roquebrussane veut quitter les Ursulines ? Elle a été élevée au couvent, elle a commencé son noviciat, elle allait prendre le voile, et, tout à coup, elle prétend rentrer dans le monde ? Pour qu'un tel changement se soit produit en elle, il a dû lui arriver quelque chose d'extraordinaire.

— D'extraordinaire, non. Quelque chose, oui.

— Quoi ? demanda violemment Léopold en avançant d'un pas.

— Eh ! grand dadais, il lui est arrivé d'avoir dix-neuf ans, voilà tout.

Cardenac avait ouvert la bibliothèque, était monté sur un escabeau.

— On est une petite fille, on vit avec les bonnes sœurs qui vous apprennent à préparer des confitures, et qui vous en font manger ; on fait sa première communion ; c'est joli d'être habillée de blanc, et d'écouter l'orgue qui chante pour vous complimenter ; on croit être un ange, et on en est un ! Puis, il y a le mois de Marie, dans la chapelle, avec les lilas et les cierges. On est bien décidée à passer toute sa vie dans le recueillement, dans la prière, dans l'ouate caressante du cloître, avec les religieuses qui vous sourient et qui ne font pas de bruit en marchant. On n'aura jamais d'autre époux que le bon Dieu. On aspire, les mains jointes, au jour des noces sacrées. Puis, un beau matin, ou un beau soir, — le soir, plus généralement, — on se dit : « Ah çà! mais, cela ne me déplairait pas du tout de faire un tour de valse avec un jeune homme qui aurait des moustaches brunes! » Pourquoi? parce qu'on était une petite fille, et qu'on est une demoiselle; parce que c'est le printemps et qu'on a vu du soleil et des oiseaux, toute la journée, dans le jardin du cloître. Des moineaux qui volent, cela donne envie de danser. Avant, les ailes, la lumière, on les voyait, mais pas avec les yeux qu'on a maintenant. Bref, on est très résolue à aller au bal! et, si on ne vous ouvre pas la porte, on y va tout de même, par la fenêtre. Ta sœur n'a pas eu besoin de recourir à l'évasion. La Supérieure des Ursulines de Nemours est une très brave femme, à ce qu'il paraît, persuadée que la plus sûre façon de donner une âme au diable, c'est de la donner à Dieu par force; Stéphana s'est expliquée avec elle, puis elle a écrit à ma mère qui doit aller la chercher, la semaine prochaine, après les fêtes de Pâques, et la gardera, chez nous, à la campagne. Plus de couvent! Ce sont des choses qui arrivent tous les jours. Ce qui est surprenant, par exemple, c'est qu'il n'y ait pas chez toi une carte de l'Afrique centrale!

— Et ta mère, tout de suite, a formé le projet de marier Mlle de La Roquebrussane?

— Naturellement.

— Avec M. Sourdeval?

— Puisqu'il en est amoureux!

Il y eut un bruit de cassure claire, le bruit d'une faïence brisée sur du marbre.

— Qu'est-ce encore? demanda Cardenac en se retournant.

— Rien. Ce vase que j'ai heurté du coude. Ainsi Sourdeval est amoureux de Mlle de La Roquebrussane?

— Éperdument. La propriété de son oncle est voisine de la nôtre; il a vu ta sœur pendant le séjour qu'elle a fait à Lauterès. Il n'était venu que pour une semaine, il est resté un mois. Même après le départ de Stéphana, il n'a eu garde de déguerpir; et, parti, il est revenu; je l'ai trouvé chez nous, presque installé, jouant au bezigue, tous les soirs, avec ma mère, faisant des confidences, entre deux parties, à la bonne vieille qui s'attendrissait. D'ailleurs, rien à dire contre lui, le plus honnête homme du monde, né de braves gens, officier après Saint-Cyr, ayant quitté l'armée, jeune et presque riche. Un seul défaut: il fait de la peinture que ma mère trouve jolie; ce qui m'inspire de la défiance!

L'excellente femme a une passion déplorable pour la chromolithographie; elle a accroché dans ma chambre une vue du mont Vésuve qui est étonnante. Bah! il renoncera à sa vocation de peintre comme Stéphana a renoncé à sa vocation de religieuse; ou bien il ne fera plus que le portrait de sa femme.

— De sa femme?

— De ta sœur.

— Ah! oui. Car Mlle de La Roquebrussane, sans doute, aime ce jeune homme?

— Cette idée-là, on l'ôterait difficilement de la tête de ma mère; à cause d'une coïncidence : c'est, après avoir rencontré M. Sourdeval, que Stéphana, de retour au couvent, a déclaré qu'elle ne prendrait pas le voile. D'ailleurs, nous verrons bien. Roger, dès qu'il aura obtenu ton consentement, sera admis à faire sa cour...

— Tiens, dit Léopold avec un rire, l'on a songé à obtenir mon consentement?

— Sans doute. Voici ce qui est convenu. Demain matin, Roger, qui est venu à Paris avec moi...

Il s'interrompit

— Non, c'est l'Afrique australe.

Il se remit à chercher.

— Demain, Roger va au Salon, tout naturellement, puisque c'est le jour du vernissage, et puisqu'il expose, le malheureux. Nous y allons de notre côté, toi et moi, nous le rencontrons...

— Et il me demande la main de Mlle de La Roquebrussane?

— Oh! pas tout de suite. Quelque jours après. Rien ne presse.

— Enfin, il me la demande?

— Oui, et toi...

— Et moi, je la lui refuse! cria Léopold avec un tel coup de poing sur la cheminée que les bronzes tremblèrent.

— Tu la lui refuses!

Cardenac marcha droit vers son ami et le regarda froidement, sévèrement.

— Pourquoi?

— Parce qu'il ne me plaît pas que Mlle de La Roquebrussane se marie, ni qu'elle entre dans le monde, mariée ou non; parce que je veux qu'elle reste au couvent, loin de moi et loin des autres, toujours!

— Je ne te comprends pas, dit lentement Cardenac après une rêverie. Je te savais indifférent à l'égard de ta sœur; pauvre fille, tout de suite orpheline, sans berceau familial, jetée dans un couvent, et laissée là, seule comme ces enfants qu'on exposait sur les marches d'une église, elle n'aurait jamais été embrassée, si ma mère n'avait eu pitié d'elle. Mais ce que je découvre en toi, aujourd'hui, c'est pis que de l'indifférence ; sais-tu bien que ton emportement pourrait faire croire...

— A de la haine, n'est-ce pas? Eh bien, c'est vrai, je la hais. Je le dis, je l'avoue, je veux que tu le saches, elle m'est odieuse! Oui, odieuse, à cause de sa mère, l'aventurière des plus sales aventures, princesse douteuse et coquine avérée, qui entra dans ma maison, dans ma race, comme un surcroît de hontes, et qui, riche, heureuse, fière, avec l'estime de ses valets, a porté longtemps, pour mon parfait déshonneur, a eu le droit de porter un nom que je n'ai pas lu sur la tombe de ma mère à moi! Mais tu ne songes donc pas que la pauvre créature dont je suis né, est morte désespérée, diffamée, maudite, elle si pure, j'en suis certain, — morte dans un lit contesté ! — et que l'autre, la gueuse, a vécu en une espèce de triomphe jusqu'à l'heure où on l'a couchée, sous un épitaphe honorable, au sépulcre conjugal ! Ne pas haïr l'enfant de celle-ci, étant l'enfant de celle-là, est-ce que c'est possible? Comment ! Stéphana, sortie d'une drôlesse, est la très légitime héritière de notre père commun, tandis que moi, issu d'une honnête femme, je suis presque un bâtard; le rang qui lui appartient légalement, je ne l'ai dû, moi, qu'à un remords d'ivrogne; et je ne la haïrais pas! Puis, tu

La mère et le fils restèrent seuls. Paul ne desserrait pas les dents, boudeur, avec une grimace.

— Eh bien! quoi? dit la Marchisio. Parce que j'ai gardé le louis ?

service, et devait lui donner, en échange, tout l'argent qu'elle voudrait. Quel service? Elle avait promis d'être discrète, elle n'avait que sa parole. Pas grand'chose à faire, et rien de mal. Pourtant, tout à l'heure encore, elle hésitait, parce qu'elle ne voyait pas bien comment ça finirait, ce qu'on attendait d'elle. Mais elle se décidait, pour obliger la Marchisio.

— C'est vrai, tout ça?
— Puisque je te le dis!

Elle achevait de nouer devant la glace les brides de son chapeau. Fagotée. Elle passerait chez elle, pour changer de robe. Elle se jeta au cou de son amant, le baisa dans les cheveux, sur les yeux, sur les lèvres, dans l'oreille.

— A bientôt, mon chat!

Puis, à la Marchisio:

— Tu viendras ce soir à l'Eldorado, dans ma loge, je te donnerai les quatre mille francs.

— Tu es un ange!

Et elles s'embrassèrent. Mais, au moment de sortir :

— Bon! dit Loulou, et une voiture?

— La mienne est en bas. Le cocher n'avait pas de monnaie. Je lui ai dit d'attendre. J'ai bien pensé que tu ne t'en irais pas à pied. Tu sais, je l'ai pris à dix heures.

devant le miroir, si je sors, c'est pour te les gagner, tes quatre mille francs.

La Marchisio lui sauta au cou, des larmes dans les yeux, avec des bégaiements, débordante de tendresse. Ah! comme elle lui demandait pardon! comme elle l'avait mal jugée! « C'est joliment bien, ce que tu fais là, ma fille. Comment? vraiment? quatre mille! tu les auras? et tu me les donneras? Ah! par exemple, je te promets l'hôtel, avec la grille en or, et les rideaux de dentelles! Laisse-moi t'aider, tu ne pourrais jamais mettre ton corset toute seule, — est-elle grasse, cette Loulou, et si blanche, regarde donc, Paul! — puis, tu t'assoiras, ma petite, pour que je te chausse. Est-ce aujourd'hui que tu me les donneras, les quatre mille francs, réponds? » Et elle s'empressait autour de Loulou avec les hâtes molles et les adresses d'une vieille habilleuse.

Mais Paul Marchisio, sa cigarette jetée par la fenêtre :

— Voyons, qu'est-ce que c'est que cette histoire? demanda-t-il.

— Tu es bête aussi, toi! dit Loulou.

Elle lui expliqua qu'il pouvait être tranquille; ce n'était pas ce qu'il pensait; il perdait la tête! « Est-ce que ça se fait, ces choses-là, en plein jour? » Non, non, M. de La Roquebrussane lui avait demandé un

La Marchisio s'écria :

— C'est-à-dire que si ma peau était en billets de banque, je la déchirerais par petits morceaux pour la jouer.

Loulou Antoine s'était levée ; allant et venant par la chambre, elle ramassait sa robe, ses bas, ses bottines, mettait les étoffes en tas, sur une chaise, à côté de l'armoire à glace.

— Maman, mâchonna-t-elle, des épingles à cheveux entre les dents, tu ne sais pas ce que tu ferais si tu étais gentille ?

— Quoi ? demanda la Marchisio.

— Tu irais me chercher une voiture.

— C'est ça que tu trouves à me dire ! Je suis désespérée, je perds une fortune, car, enfin, je perds une fortune, c'est sûr, et tu m'envoies... tiens, tu n'es qu'une ingrate. Sais-tu à quoi je pensais, moi, ce matin, en faisant mes courses ? Chaque fois que je voyais un hôtel, avec des écuries derrière la grille en or, et des rideaux de dentelles aux fenêtres, « voilà une maison, me disais-je, comme il en faudrait une à Paul et à Loulou. Seraient-ils heureux là-dedans, entre cour et jardin ! » Et c'est une maison comme cela que je vous aurais achetée avec l'argent de la Banque.

Loulou Antoine se hâtait de s'habiller.

— Bête ! s'écria-t-elle en haussant les épaules

cigarette au coin de la bouche, un peu gêné par cette caresse.

— Tu as perdu! répéta la Marchisio dans une désolation profonde.

Elle raconta que c'était un affreux désastre, — pas à cause des cinq louis, elle s'en fichait bien, des cinq louis, — mais les quatre mille francs sur lesquels elle avait compté représentaient toute une fortune. Sa martingale, — elle s'y connaissait peut-être, — était infaillible; la Banque de Monaco n'y tiendrait pas. Ce n'était pas un professeur de jeu qui avait inventé ce système, non, elle l'avait rêvé, l'autre nuit. Voici : on mettait dans un petit sac trois cents figures de dix, Rouges et Noires, séries, intermittences, coups de deux, coups de trois, toutes les formes imaginables du hasard; on tirait du sac une des figures et l'on jouait contre elle en commençant par un louis. Pouvait-on perdre? est-ce qu'il était possible que la chance reproduisît, à cette minute-là précisément, la figure prise au hasard sur trois cents? non, ce n'était pas possible; et, petit à petit, en jouant six heures par jour, — ah! il fallait de la patience, — on faisait sa pelote...

— Dis, Paul, demanda Loulou, est-ce que c'est bon, ce système-là?

— Oui, peut-être, répondit Paul.

nappe, où il restait, dans des assiettes de Chine décrochées du mur, des tranches de veau froid avec des cornichons, entre deux bouteilles à moitié vides, pas rebouchées, l'une de chartreuse verte, l'autre de champagne qui ne moussait plus. Elle se mit à manger avec gloutonnerie; où donc étaient les fourchettes ? avec les doigts. Les amants ne cessaient de se baiser, tandis qu'elle se repaissait : rien que de la viande, pas de pain. Il y avait un bruit tendre de bouches et un bruit mou de mâchoires. Les jaseries des oiseaux entre les verdures du square se dispersaient dans les gammes et les trilles d'un piano mécanique, qui entraient par les fenêtres comme de la lumière en musique.

Enfin, la Marchisio, rassasiée, repoussa son assiette.

— Mais alors, dit-elle, si tu n'avais pas six francs, c'est que tu as perdu hier soir?

Les amants se désenlacèrent.

— Oui, perdu.

Paul vint s'asseoir dans un fauteuil bas, où Loulou, l'ayant rejoint, s'étendit presque sur lui, à demi tournée, un de ses gros seins en l'air, l'autre s'aplatissant, et ses grasses jambes croisées dans la souplesse du jupon tendu; elle mordillait, de ses larges dents, les petits poils pâles, recroquevillés, qu'il avait de l'oreille au menton; et il fumait, la

gognes d'or; car Paul était installé chez une chanteuse d'opérette, doublure à Paris, qui faisait une tournée en Espagne comme premier sujet, et qui, en partant, avait dit à la Marchisio : « Tu loueras mon appartement, si tu peux, pour le temps de mon absence. » La Marchisio l'avait loué, tout de suite, à son fils; quant au prix de la location, on verrait, on s'arrangerait, plus tard, quand la voyageuse serait de retour.

Dans la chambre gaie, Paul, à demi habillé, Loulou, pieds nus, en jupon de satin rose, presque tout le buste hors de sa chemise sans manches, lui, les reins au mur, renversant le cou, elle devant lui, beaucoup plus grande, un peu penchée, se baisaient sur la bouche, goulûment. « Sont-ils gentils! se câlinent-ils! » s'écria la Marchisio extasiée. Elle les admirait, ils ne se dérangeaient pas, faisaient du bruit avec leurs lèvres. Dans cette étreinte brutale, Paul était presque entièrement caché par sa maîtresse, large et lourde, montrant sa nuque touffue qui brunissait sous le chignon teint, et toute la peau grasse de son dos nu, que roussissait le soleil.

La mère ajouta, en pouffant de rire :

— Qui aime, déjeune.

Elle crevait de faim, elle.

Elle traîna une chaise devant le guéridon sans

de besoin extrême. Au fait, pourquoi se serait-elle gênée? l'argent de Loulou Antoine, qui était l'argent de M. de La Roquebrussane, ne lui appartenait-il pas un peu, à elle, la Marchisio? N'avait-elle pas été frustrée d'une fortune par l'ingratitude du défunt marquis? D'autre part, à bien voir les choses, chaque prêt n'était qu'un avancement d'hoirie; Léopold, vieux avant l'âge, qui n'irait pas loin avec ses fièvres d'Afrique, — chaque fois qu'elle le rencontrait, elle s'effrayait de le voir si changé! — n'avait pas de femme, pas d'enfants, pas de parents, puisque Stéphana, religieuse, qu'il n'avait jamais voulu voir, était comme morte; qui donc choisirait-il pour légataire universel, sinon Paul, presque son neveu, ou son cousin, si gentil, et qu'elle avait si bien élevé?

Lorsque la Marchisio reparut, — elle n'avait pas mis grand temps à descendre et à remonter les trois étages, — la chambre, avec ses croisées ouvertes par où entraient le soleil et l'odeur de verdure d'un square voisin, riait de toute la belle humeur de sa cretonne fleurie, de ses miroirs clairs, et de mille fanfreluches et de tant de bibelots, partout, sur la cheminée, sur le bonheur-du-jour en bois de citronnier, paniers enrubannés, figurines japonaises, bonbonnières de nacre, brûle-parfums, porte-cigarettes d'ivoire incrusté de ciil avait, instinctivement, des scrupules; des gens voulurent l'enrôler dans je ne sais quelle affaire de faux jetons que l'on changerait au baccara contre de vrais louis; il refusa avec une indignation sincère, non par crainte du péril, par un reste de pudeur. Mérite médiocre, que ce très peu d'honnêteté : quelque chose comme le « pas ça ! » du voleur qui refuse d'assassiner ; mais enfin, cette conscience n'était pas tout à fait morte ; narcotisée, il n'était pas impossible qu'elle se réveillât un jour. La Marchisio avait connu tant de monde, que Paul était peut-être le fils d'un honnête homme. Même par Loulou Antoine il ne s'était pas laissé entraîner à des hontes irrémissibles; cette grosse fille, célèbre, avec son luxe de robes et de bijoux, il la voulait bien, quoiqu'un autre la payât; mais il faillit la jeter à la porte un matin que, l'entendant se quereller dans l'antichambre avec des gens qui réclamaient je ne sais quelle somme, elle lui avait crié, du lit : « Dis-donc, je suis en fonds, veux-tu que je paie? » La Marchisio n'avait pas les délicatesses de son fils. Elle était ravie que Loulou fût sa « bru, » comme elle disait, d'abord parce que cette liaison faisait le bonheur de Paul, — et le bonheur de son enfant avant tout, n'est-ce pas ? — mais aussi parce qu'on est bien aise d'avoir là, sous la main, une brave fille à qui on peut demander un service de temps à autre, en cas

7.

restaurants où l'on soupe, les bijoux achetés à crédit chez des joailliers sans clientèle, et portés au Mont-de-Piété dans leur écrin neuf, l'emprunt aux gens qu'on connaît un peu, et aux gens qu'on ne connaît presque pas, — dans ce cas, par lettre, après l'adresse cherchée dans le Bottin, on paiera le commissionnaire, si la réponse est bonne, — aux camarades du tripot qui ont abattu neuf trois fois de suite, — un louis pour ponter à l'autre table, — aux garçons de cercle, à ceux de la salle, à ceux du vestibule, avec l'aplomb du : « Tiens, Joseph, j'ai oublié mon porte-monnaie, donnez-moi donc cent sous ! » Une seule chose, en cette vie d'expédients, avait empêché Paul Marchisio de choir dans le mépris définitif, lui valait encore quelques poignées de main qui le retenaient à mi-enfoncement : son air d'élégance, efféminée, mais jolie, que singularisait je ne sais quoi d'exotique, dû aux anciens voyages maternels. Mal vêtu, avec de grosses mains, on aurait dit de lui : « Un escroc. » Pourtant, dans cette existence-là, rien jusqu'à présent d'absolument irrémédiable. Presque perdu, pas tout à fait. Ses fautes, si quelque heureuse fortune lui avait permis de les racheter, n'auraient été, plus tard, vues de très loin, que des peccadilles ; il n'était pas encore descendu à ces profondeurs de bassesse, d'où l'on ne remonte plus. Sur certains points,

neur, vertu, ayant proféré le nom de Dieu quelquefois, en jurant, quand il était en colère, mais pas souvent, à cause d'une certaine réticence dans le langage, qu'il devait à son éducation de casino et de sleeping-car, pas plus viril qu'une fille en garçon, convaincu que tout ça, les grandes choses, les grandes paroles, c'est des bêtises, il fallait bien qu'à défaut de quelque noble orgueil il eût beaucoup de petites vanités. Il était en proie à ce souci continu : l'élégance de l'habit. Il eût traversé Paris pour aller choisir chez la fleuriste à la mode le gardenia qu'il faut avoir à la boutonnière, le vendredi, au Cirque d'été. Il se querellait souvent avec Loulou, couchés, parce que, canaille, elle le voulait tout nu; il trouvait plus distingué de garder une de ces chemises de nuit, en soie écrue, avec des ruches au col, pareilles à des peignoirs de femme, achetées par sa mère à ces lingers qui viennent offrir leurs marchandises à domicile en échange de traites toutes préparées, qu'il suffit d'endosser. Ainsi fait, Paul Marchisio était lâché dans Paris, sans autres ressources, avec les aumônes de M. de La Roquebrussane, que la pension de sa mère et les billets de banque qu'elle trouvait, rarement, il ne savait où; le plus souvent, elle lui disait : « Ah! dame! je suis à sec, débrouille-toi! » De là, la dette partout : chez le tailleur, chez le chapelier, chez la marchande de fleurs, dans les

après le concert, apportant de la viande froide et des bouteilles qu'elle avait prises à la Maison-d'Or, en passant. Ils soupaient au lit, tout nus, s'endormaient tard, dans une odeur de mangeaille et de sexe. Il lui allait, ce bout d'homme-là, qui lançait des petits bancs aux femmes, pour rire ; et, puis, sans rien sur le corps, il n'était plus un monsieur ; chétif, trop blanc, avec sa sveltesse d'adolescent étiolé, il ressemblait aux faubouriens de quatorze ans, dont elle avait été toquée, dans le temps, déjà grande fille. Quant à Paul Marchisio, il était flatté d'avoir Loulou, de qui on parlait. Au café, le soir, il disait aux camarades, en regardant l'horloge : « Elle m'attend. » La faire poser, cela le posait. Ignorant tout ce que sa mère ne lui avait pas appris, c'est-à-dire tout ce qu'il eût été honnête d'apprendre, spirituel et bête comme une soupeuse, — ce bagout suffisait à la manifestation de cette âme, — glissé des jupes de la Marchisio dans des jupes voisines où il avait retrouvé la même chaleur à peine moins maternelle, presque demeuré à vingt-quatre ans une espèce d'enfant-prodige de boudoir, le sens moral gâté par des complaisances doucereuses, qui sont à la conscience ce que les bonbons sont à l'estomac, considérant l'oisiveté comme un droit et le plaisir comme un devoir, étonné qu'il y eût des livres, pas même troublé par les mots : patrie, hon-

stinct que c'est peut-être ça, la gloire, — reçut dans le gras de la hanche, parmi une volée de cailloux, un petit banc qui lui écorcha la peau ; elle tourna la tête avec une sale riposte, elle vit, à droite de l'orchestre, debout, la main encore en l'air, félicité par les rires de ses voisins, celui qui avait lancé le petit banc ; il paraissait tout jeune, portait un habit noir, avec une fleur à la boutonnière ; élancé, pas vilain, pâle comme une gamine des rues, on aurait juré un travesti ; et le lendemain, comme elle descendait de chez M. de La Roquebrussane, elle rencontra dans l'escalier, qui ? le jeune homme du concert, justement. « Vous savez que vous êtes un rude mufle, vous, tout de même ! Ça me laissera une marque, pour sûr. — Montrez ! » dit-il. Ils se mirent à rire, et ils descendirent ensemble. Paul Marchisio, venu dans la maison pour emprunter cinq cents francs à son oncle, — son oncle, c'était Léopold, qu'il appelait ainsi, obstinément, sur le conseil de sa mère, — remit au lendemain, avec un soupir de soulagement, sa visite intéressée. Emprunter ne le gênait guère, d'habitude ; mais, en présence de M. de La Roquebrussane, qui l'obligeait avec un air de tristesse, il se troublait toujours, se sentant, là, plus importun qu'ailleurs. Maintenant, Loulou et Paul étaient ensemble depuis sept ou huit mois. Elle venait coucher chez lui, presque tous les soirs,

vit pas de rigolade et d'eau claire, vous pensez bien!
— et Paul, pour le plaisir. Pour le plaisir? oui. Il
subsistait un reste de bonne fille dans cette drôlesse; elle ne s'ennuyait pas toujours, à souper, après dix verres de chartreuse verte, ni au lit, quand ça lui disait; il lui arrivait encore de se déshabiller vite. La parfaite impassibilité des courtisanes parisiennes, due à ce naturel mépris de tout être moderne pour son moyen d'existence, — tant la vie, même à qui ne pense guère, paraît peu valoir d'être gagnée! — leur cynique inattention dans les caresses, l'évident ça-m'est-égal de leur abandon, Loulou Antoine n'avait pas réussi à les acquérir; cela viendrait plus tard; encore « godiche »; le dégoût lui était possible, et le désir. Même, — était-ce bête! — elle ne pouvait se défendre devant les hommes, surtout quand elle était grise, d'une espèce d'humilité, où il entrait de la peur et presque de l'admiration; effet persistant, peut-être des raclées d'autrefois du temps qu'elle allait à la Boule-Noire, sans manteau, en cheveux. On remarque une timidité analogue chez les filles galantes qui ont été domestiques; mais chez celles-ci, elle dure peu, parce qu'elles n'ont pas été battues. Une fois, dans un de ces tapages des concerts d'été aux Champs-Élysées, Loulou, huée, acclamée, et faisant des pieds de nez à la foule, — fière, d'ailleurs, ayant le vague in-

l'adresse, — et enfin se fit conduire chez son fils, sauta de la voiture, monta très vite l'escalier, essoufflée, affairée, effarée, ouvrit la porte avec la clé qu'elle avait toujours dans sa poche, traversa l'antichambre, entra dans une pièce presque obscure qui mêlait une odeur de tabac à un parfum de musc, faillit renverser une table, se jeta vers les oreillers où Paul Marchisio, mal réveillé, étonné, se frottait les yeux, l'embrassa avec les emportements d'une mère qui n'a pas vu son enfant depuis trois mois et les cajoleries d'une cocotte qui chiffonne un petit chien, et lui dit, tout en le baisant :
« Dis-donc, mignot, est-ce que tu as six francs, pour ma voiture ?

— Non, pas un liard, dit le jeune homme en s'étirant.

— Sacrelotte !

Mais, du fond du lit, parmi le désordre des draps et de l'édredon à demi glissé dans la ruelle, de dessous un tas de gros cheveux, sortit une voix dans une lenteur de bâillement :

— Dans la poche de ma jupe, voyez, maman, il y a un louis.

— Merci, petite !

La petite, c'était Loulou Antoine. Celle de M. de La Roquebrussane. Elle n'avait, en dehors des occasions, que ces deux amants : Léopold, — on ne

qu'elle déboucha tout de suite avec une épingle à cheveux, et qu'elle vida presque entièrement sur son mouchoir en touffe,— ni chez le banquier de la rue de la Jussienne ; il refusa tout net, hissant une tête blonde, aux cheveux lisses, par un guichet levé, de lui escompter des valeurs souscrites, il y avait trois ans, à un prêteur de cercle par un officier suédois, qui, ni Suédois, ni officier, simple filou, venait d'être mis à la Santé après un procès en police correctionnelle ; mais la Marchisio le croyait innocent, parce qu'elle l'avait vu en uniforme. Était-ce tout ? Oui, à peu près. Elle passa chez le docteur Jaïcza-Cabardès, médium péruvien, né à Béziers, qui donnait, dans un petit hôtel de la rue de Téhéran, des soirées où l'on invitait les esprits des musiciens fameux à des concerts d'outre-tombe, — elle lui présenterait, la semaine prochaine, un Russe fort riche, spirite et mélomane, qui serait ravi d'entendre l'âme de Chopin jouer des mazurkas au piano,— s'arrêta au théâtre des Nouveautés, laissa une lettre pour demander une loge qu'elle avait promise à sa couturière, se souvint tout à coup d'une chose très importante, retourna chez elle, donna des instructions à la concierge, — si un monsieur d'un certain âge, décoré, venait la demander, on lui dirait qu'elle se trouverait à trois heures chez Mlle Caroline, rien de plus, il savait

souriant, clignant ses vieux petits yeux vifs, elle
eut l'air d'un singe maquillé qui se trouverait joli.
Chez l'huissier, elle ne put voir que le maître
clerc ; ce fut le diable pour obtenir que l'on ne sai-
sît pas chez elle le lendemain ; qu'est-ce que cela
leur faisait d'attendre, puisque, si elle ne versait
pas un acompte, il y aurait une nouvelle signifi-
cation de vente ? Tout bénéfice pour eux. Ensuite
elle se plaignit qu'on lui envoyait toujours les papiers timbrés sans enveloppe : cela finirait par la
déconsidérer dans sa maison, où elle était très bien
vue, à cause de ses relations ; le mercredi, son jour,
il y avait des équipages devant sa porte. Elle remonta dans son fiacre. La baronne de Candeloz n'é-
tait pas visible. « Madame prend son bain ». Contretemps fâcheux. La Marchisio avait bien compté
placer une loge pour la représentation qu'elle orga-
nisait depuis six mois au bénéfice de deux maisons
d'asile, l'une à Cannes, l'autre à Antibes, destinées
aux vieillards phtisiques ; les billets n'étaient pas
encore imprimés, ni les hospices fondés, mais elle
inscrivait les sommes reçues sur un petit carnet des-
tiné à ce seul usage : il n'y avait pas d'erreur possible. Elle n'employa pas beaucoup de temps aux
magasins du Louvre, — quelques commandes pour
le compte d'une amie, danseuse à la Scala de Milan ;
elle acheta pour elle-même un flacon d'opopanax

d'ailleurs ; la Marchisio avait dit vingt fois : « J'y ferai mettre un corsage montant ; ce sera plus convenable, pour la ville » ; elle n'avait jamais eu le temps ; elle la portait telle quelle, sous un manteau en fausse loutre où des boutons de cornaline alternaient avec des boutons d'étoffe, décousus d'un vieux waterproof ; sur tout cela, une toque de paille noire, hérissée d'une plume verte. Au moment de sortir, — après avoir fourré dans sa poche un mouchoir de batiste fripée, retiré de dessous l'oreiller, — elle s'avisa qu'elle avait oublié de se laver la figure et les mains. Très vite, elle s'approcha de la commode-toilette en acajou, versa dans l'une de ses paumes le contenu d'un flacon de glycérine à moitié vide, s'en graissa le visage, passa, faute de houppe, le coin d'une serviette trempé dans la boîte à veloutine sur sa peau jaune et ridée qui se blafarda comme d'un plâtrage ; fonça de deux coups de crayon la rougeur presque chauve de ses arêtes sourcilières ; appuya fortement le bâton de carmin d'un coin à l'autre de ses lèvres mortes, qui furent couleur de sang ; fit bouffer du revers des ongles ses frisettes d'un rouge brique, çà et là déteintes, — le tout sans ôter sa toque, la voilette retroussée seulement, — puis, se regardant de près dans la glace dont une cassure, à l'un des angles, laissait voir le bois blanc du meuble, se

VII

Ce matin-là, la Marchisio avait peu d'affaires. Sept ou huit courses, deux heures de voiture, pas plus. Rien ne l'empêcherait d'arriver chez son fils avant midi; il serait encore couché; mais, avec les cent louis qu'elle lui avait prêtés, la veille, aurait-il gagné les quatre mille francs indispensables pour la martingale ? Elle verrait bien. Elle s'habilla très vite, de la robe d'hier, pas brossée, en satin rouge, avec des dentelles de jais blanc, une robe comme on en voit, détachées, défraîchies, très longues, aux devantures des marchandes à la toilette; décolletée,

VIII

L'une des charitables dames qui, de chaque côté de l'entrée, tendent discrètement aux visiteurs du Salon des aumônières de velours, recula d'ébahissement, tant Loulou Antoine, volumineuse, les cheveux couleur de safran rouge, effrontément maquillée sous l'énorme touffe de pivoines dont rutilait son chapeau à bords larges, la soie du corsage gonflée à crever par la poussée d'une gorge de colosse foraine, la jupe de faille ponceau balayant les cailloutis, éclaboussait les yeux de ses brutalités de fille. D'ailleurs, elle n'était aucunement consciente de l'excès de sa toilette ni de l'impudence de sa personne. Elle avait l'habitude de dire : « Ce que j'ai pour moi, c'est que j'ai l'air distingué. »

Elle passa, traversa le jardin dans la direction du buffet, sans prendre garde à la surprise des gens qui se détournaient des plâtres et des marbres, le livret à la main. Sous le franc jour de l'après-midi, parmi la blancheur des statues et les couleurs tendres des toilettes printanières, s'exaspérait la crudité de son rougeoiment. Des artistes, des mondains, la reconnaissaient ; ils se remettaient vite à examiner les sculptures, craignant d'être obligés à un coup de chapeau. Un adolescent murmura : quelque modèle ! se figurant, une chaleur dans l'œil, toute cette chair blanchissante sur la table de pose. Il y avait, à cause de Loulou, derrière les piédestaux, des groupes de jeunes demoiselles bourgeoises, rapprochées dans un bavardage qui chuchote.

Elle s'arrêta à peu de distance du buffet ; elle venait d'apercevoir M. de La Roquebrussane assis, seul, devant une table servie. Il était d'une pâleur livide, les yeux, entre la rougeur des paupières, maillés de fibrilles sanglantes ; on serait ainsi après toute une nuit d'épouvante et de cauchemar. Son verre trembla visiblement dans la fébrilité de sa main. Loulou l'interrogeant du regard, il fit un signe. « C'est bien, attendez. » Elle comprit, ne s'éloigna pas, tourna autour d'un Mercure vêtu d'ailes aux talons, le comparant à de récents souvenirs. Paul était beaucoup mieux.

Entre la cohue, célébrités et badauds, les Parisiennes allaient, venaient, avec une gaieté de robes nouvelles, des fraîcheurs sous la voilette, ou la joue allumée de nuances légères par le soleil qui traverse les tons vifs des ombrelles. Çà et là, elles s'attardaient devant une Ménade qui danse, les seins en l'air, le cou renversé, rieuse, sous le frémissement immobile d'un thyrse, ou devant une Nymphe penchée, pointant l'orteil vers le glissement d'une eau. Des hommes faisaient halte aussi, regardant les regardeuses.

Être observées, le corsage très clos, un peu de cou visible à peine, tandis qu'elles considèrent des statues sans draperies, ne déplaît pas aux femmes. Elles y trouvent, outre une alarme de leur pudeur, qui n'est pas sans ragoût, le plaisir cruel mais joli, téméraire et sans péril, de faire naître, par cette confrontation du costume avec le pas de costume, l'idée de leur nudité à elles, si voilée, possible pourtant; contempler, fait de marbre ou bronze, ce qu'elles cachent de chair vivante, c'est une façon de l'avouer; et le voisinage du nu les déshabille virtuellement.

Puis, c'était, entre amies, des moues qui désapprouvent, de petits rires méprisants, à propos d'une jambe trop maigre, d'un ventre trop bombé, d'une hanche trop plate. Les visiteuses du Salon sont, en présence des formes féminines, de redoutables critiques ; car la sévérité de leurs jugements implique leur propre perfection.

M. de La Roquebrussane s'était levé ; il passa tout près de Loulou, lui dit quelques mots à voix basse, en tendant le bras vers l'entrée du jardin ; maintenant il s'éloignait, comme indifférent ; il gagna le grand escalier et monta vers les salles de peinture.

Loulou Antoine ne perdit pas un instant. Elle marcha droit à l'homme qui lui avait été désigné, fut sur le point de l'accoster, de lui adresser la parole, puis s'écarta, le laissa passer, indécise. Il arrive que, sur le bord de l'action, on juge difficile ce qui, d'un peu loin, avait paru si aisé ; et l'on revient sur sur ses pas ; on éprouve le besoin de reprendre son élan.

Roger Sourdeval, sans voir la grosse fille qui le suivait, longea la ligne des statues et des groupes, à droite, vers l'escalier.

C'était une espèce de géant, avec un air de franchise joviale. La face rosée d'un bon sang viril sous de rudes cheveux en brosse, la barbe presque rase et drue, les épaules larges, les bras courts, il gardait, d'avoir été soldat, une décision d'allure, un rythme égal de mouvements, qui va droit au but. Mais de la timidité se décelait dans ses gros yeux ronds, à fleur de tête, pleins d'une douceur moutonnière, dans l'hésitation du sourire errant sur ses fortes lèvres. Ce jour-là, il avait une juste raison d'être ému. Pour la première fois, un de ses tableaux avait trouvé grâce devant le jury. Coquelicots, bluets, boutons d'or, glaïeuls, que saccageait, couché sur le dos, un petit chat blanc jouant des griffes. Ce colosse peignait des fleurs, non sans attendrissement; il eût aimé aussi à en cueillir, en compagnie de Stéphana, dans l'idylle d'un joli bois d'aquarelle ; une seule chose le fâchait en Mlle de La Roquebrussane, qu'il chérissait d'un honnête et naïf amour, c'est qu'elle se montrait grave, ne riait guère, lisait souvent ; petite fille, elle n'avait pas dû jouer à la poupée ; il aurait voulu faire sauter sa fiancée sur ses genoux. Il marchait à travers la foule, d'un pas régulier, d'un pas d'exercice. Mais une anxiété s'emparait de lui. Sa toile accrochée dans l'une des salles où il entrerait tout à l'heure, faisait peut-être mauvaise figure parmi les autres tableaux ; il redoutait pour elle le voisinage décolorant de quelque violente peinture. Le cœur lui manquait à l'idée de voir sourire, d'entendre se moquer des gens groupés devant son œuvre.

Perspective plus affreuse encore : personne ne regardant ses fleurs, même d'un regard de dédain. Il s'était arrêté. Il lui prenait une envie de ne pas assister à sa défaite, de faire volte-face, de fuir. Pourtant, rassemblant son courage, il mit le pied sur la première marche de l'escalier ; une chose grasse et molle le heurta, avec une lourdeur de chute.

— Aïe ! monsieur ! oh ! j'ai cru que je tomberais. C'est la faute de ces talons, on les porte trop hauts, à la fin. Je me suis fait joliment mal, allez.

En même temps, Loulou saisissait le bras de Roger Sourdeval, s'y cramponnait, ne le lâchait pas. Accident réel ? stratagème peut-être ; médiocrement ingénieuse, elle avait pu trouver cette finesse, réminiscence de quelque comédie.

Il la regardait, mécontent.

— Je vous en prie, reprit-elle, aidez-moi à monter jusqu'à ce fauteuil, sur le palier, là-haut. Je vous demande bien pardon, monsieur. J'ai failli m'évanouir.

Un refus était impossible. Il se résigna. Mais il se sentait singulièrement gêné, parmi tout ce monde, de cette fille à son bras, avec ce chapeau de gourgandine, et cette odeur de musc qu'elle exhalait de toute elle. Il fut sur le point de la prendre à bras le corps, de l'emporter : il l'aurait jetée sur le fauteuil, pour en être débarrassé tout de suite. Il réfléchit qu'une telle conduite paraîtrait étrange. Il fit contre mauvaise fortune bon cœur, affecta même un zèle poli. Ils montèrent lentement. Elle chancelait, se faisait pesante, la tête vers l'épaule de son cavalier. Enfin, ils atteignirent la première plate-forme ; elle allait s'asseoir, il saluerait, la corvée serait finie. Tout à coup, il tressaillit de la tête aux pieds ! Il venait de reconnaître, en face de lui, M. de La Roquebrussane descendant les marches. Être surpris avec cette femme, une cocotte sûrement, qui lui mettait ses cheveux dans le cou, par l'homme dont il voulait épouser la sœur, c'était une absurde mésaventure. Il se dégagea, presque brutalement, d'un mouvement de coude. Mais, déjà, Léopold s'était approché, la face ridée de colère, avec un tremblement des lèvres.

— Monsieur, dit-il, il me déplaît que ma maîtresse s'appuie à un autre bras que le mien !

Et avant que Roger Sourdeval, balbutiant, eût fourni une explication, il sentit sur sa face le cinglement d'un gant.

Il bondit, les mains ouvertes ! le cou de l'insulteur, entre ces larges doigts, craquerait, tordu, avec des râles. Mais, comme dans une lucidité d'éclair, Sourdeval s'imagina Stéphana irritée, son mariage impossible, tout un irréparable désastre.

Il se maintint, dans une trépidation de rage. Tandis que des curieux, en tumulte, accouraient, faisaient le cercle, M. de La Roquebrussane lui jeta sa carte et s'éloigna, après un haussement d'épaule.

IX

Jamais Cardenac n'avait lâché un plus furieux juron! Les ais de sa table geignirent, déboîtés, défoncés sous le marteau de son coup de poing.

Puis, debout, et prenant dans ses mains les mains de Sourdeval :

— Avez-vous confiance en moi, pleine confiance? dit-il d'une voix brève. Me jugez-vous incapable de conseiller une lâcheté?

— Oui.

— Eh bien! vous allez me donner votre parole de

ne rien tenter, avant demain soir; de me laisser agir seul.

— Vous voulez qu'après un tel outrage?...

— Il le faut. Vous m'entendez? je vous dis qu'il le faut. Oh! je sais qu'elle n'est pas facile à tenir, la promesse que j'exige. Vous dormirez mal, avec cet affront sur la joue! Je sens entre mes doigts la colère vous gonfler les veines. Mais, voyez-vous, la chose qui s'est passée est obscure et doit être éclaircie, d'abord. Si vous aimez Stéphana, si vous êtes soucieux de votre bonheur, et du sien, vous m'obéirez. C'est dit. Aujourd'hui, demain matin, pas une démarche. Vous disparaissez. Vous n'existez pas. J'ai votre parole?

— Mais si, demain?...

— Si demain, Léopold, moi présent, ou par lettre, ne vous a pas fait des excuses, soit! battez-vous avec lui et tuez-le!

Il y eut une tristesse dans les gros yeux doux de Roger.

— Hélas! Stéphana! murmura-t-il.

— Sang de Dieu! cria Cardenac, est-ce que je me plains, moi qui n'ai plus d'ami!

Là-dessus, il poussa Sourdeval dans l'escalier, ferma sa porte, revint s'asseoir près de la table rompue, et, penché, accoudé à ses genoux, songea, les poings aux dents.

D'abord une conviction s'imposait à lui, avec une brutalité d'évidence : toute cette aventure, la femme prenant le bras de Roger, Léopold rencontré, l'emportement de celui-ci, et l'outrage, ne pouvait être, n'était qu'un complot combiné à loisir, froidement exécuté ; le hasard n'y était pour rien, ni la jalousie. Léopold jaloux de cette fille, teinte et peinturlurée, appelée Loulou (Sourdeval, dans le brouhaha après l'insulte, avait entendu ce nom), allons donc ! rien de plus impossible. Qu'il la connût, qu'il l'eût prise, désœuvré, un soir, qu'il l'eût gardée quelques semaines, la payant tous les matins comme on règle son compte après chaque nuitée dans l'auberge où l'on ne séjournera pas longtemps, oui, peut-être. Invraisemblance déjà ! car, toujours, même très jeune, même à l'âge où la fringale du baiser ne choisit pas les bouches, il avait eu l'aversion des grossières aventures, délicat, retenu par un instinct de propreté morale, inquiet des dégoûts du lendemain. Possibilité pourtant ! le vautrement dans l'ordure, à de certaines heures, tente l'animalité humaine. Mais que, pour Léopold, cette gueuse eût été autre chose que l'occasion méprisable d'un plaisir, et d'un remords, qu'il l'aimât, — lui, elle ! — au point de s'offenser d'un rival, de souffrir d'une trahison, rival douteux d'ailleurs et trahison pas prouvée, au point de ne pas craindre le ridicule, inévitable en pareil cas, d'une provocation, d'une rencontre, — un combat pour Loulou! du sang pour de la boue! — voilà ce qu'on ne pouvait supposer sans folie. Alors, l'outrage, dans quel but? Eh! le but n'en était que trop visible. Puisque, même par un refus de consentement, La Roquebrussane n'empêcherait pas le mariage de Stéphana avec Sourdeval, il avait cherché un autre moyen d'y mettre obstacle, et l'avait trouvé! Un duel entre lui et Roger, quelle qu'en fût l'issue, c'était la rupture de l'union projetée, c'était Stéphana religieuse, à l'écart de tous et de tout, oubliée, morte. Oui, la connivence avec une drôlesse, le guet parmi la foule, — afin d'apparaître au moment opportun, — la fausse jalousie, la colère feinte, et le gant sur la joue, toute cette sinistre farce pour qu'une enfant n'eût point sa part de jour, d'amour, de vie! Une conduite indigne d'un galant homme, dont Scapin eût rougi, ne lui avait pas répugné, peut-être même s'en louait-il, parce que de sa malhonnêteté, à lui, sortirait, son malheur, à elle; et cela lui était égal de tuer ou d'être tué, pourvu qu'elle ne vécût pas. Mais quel fiel extravasé lui courait donc dans le sang? quelle effroyable virulence s'exaspérait donc en lui? Hier, pour l'avoir entendu détester Stéphana avec d'acerbes paroles, Cardenac était devenu triste, l'avait blâmé, d'une voix rude; maintenant, devant cette haine affirmée par le fait, mauvaise pensée devenue mauvaise action, il éprouvait un mépris indigné, furieux, qui cracherait au visage. Des mots d'exécration, comme une écume de bile, lui venaient aux lèvres; il aurait voulu le prendre à la gorge, le contraindre à s'agenouiller, à s'humilier, à demander pardon. Oui, pardon. A qui? à Stéphana? à Roger? Sans doute. A lui aussi, à lui surtout, Cardenac, car le plus cruellement offensé, c'était lui. Nulle injure n'égalait celle que Léopold lui faisait en s'avilissant. Le pire crime de Léopold, c'était d'avoir déshonoré leur amitié. Mais, en même temps que cette rage, une désolation envahissait Cardenac, l'attendrissait. « Oh! le scélérat! » dit-il; et il avait les yeux pleins de larmes.

Tout à coup, il se leva, marcha violemment par la chambre. Puis il sortit en grande hâte. Où allait-il? chez La Roquebrussane. Pourquoi? pour l'interroger.

Car, enfin, non! malgré les aveux de la veille, malgré l'événement d'aujourd'hui, il ne pouvait croire à cette aversion de Léopold contre Stéphana. Confessée, prouvée, évidente, soit! mais impossible. Il connaissait le cœur de son ami, en savait toutes les douceurs, toutes les sensibilités, comme on est au fait des aîtres d'une maison dont longtemps on fut l'hôte heureux. Une tendresse qui allait jusqu'à l'oubli de soi-même, l'alarme, jamais rassurée, de la souffrance chez les autres, un besoin continu de sacrifices, un dévouement plein de pudeur, qui se sauve, en disant aux gratitudes : « Je vous assure que ce n'est pas moi ! » voilà ce qu'était Léopold. Il gardait intacts les fraîcheurs et le velouté de l'adolescence, comme une âme qui resterait en fleur ; il vivait une vie pareille à ses rêves d'enfant. Et un tel homme, chrétien d'ailleurs, à qui une nervosité presque féminine faisait craindre les bruits trop forts, les lumières trop vives, les heurts, les secousses, toutes les rudesses, qui n'avait jamais pu, même dans la fréquence du péril et des embuscades, s'accoutumer, à l'imprévue détonation d'une arme à feu, aurait eu en lui, implacable, brutale, bouleversante, cette passion contre une enfant ? A sa fraternité universelle, il y aurait eu cette exception : la haine envers sa sœur ? « Non ! non ! non ! » répétait Cardenac, marchant vite le long des murs, bousculant les passants, sous la clarté des réverbères qui lustrait les trottoirs mouillés. Mais, alors, pourquoi l'avait-il proclamée, cette haine ; pourquoi cet horrible jeu, ce matin, au Salon ? A ces questions, Cardenac, dans le tumulte de ses pensées, ne trouvait rien à répondre. Il fallait bien qu'il y eût une cause à la conduite de son ami ; mais quelle cause ? qu'est-ce qui se cachait derrière la colère menteuse ? Obscurité profonde. Un seul moyen de percer le mystère : interroger Léopold. Consentirait-il à parler, ou, parlant, ne s'obstinerait-il pas dans ses violentes hypocrisies ? Ah ! Cardenac saurait bien le contraindre à dire la vérité. Plus âgé, plus viril, ami presque paternel de cet homme resté enfant, il commandait, l'autre obéissait.

M. de La Roquebrussane venait de sortir.

— Je crois, dit le valet de chambre, que M. le marquis est au théâtre. Il a envoyé retenir une loge, ce matin.

Cardenac demeura stupéfait.

— Au théâtre !

— Oui, reprit le domestique, à l'Alhambra. Du reste, M. le marquis est allé plusieurs fois à l'Alhambra, cette semaine.

Cardenac s'en retourna.

Comment ? Léopold avait commis une action coupable, oui, coupable, quel qu'en fût le mobile, et il était assez peu troublé, demeurait assez indifférent au mal qu'il avait fait, à celui qu'il voulait faire, pour avoir goût à un divertissement frivole ? Au théâtre ! ce soir ! Ceci dépassait l'imaginable.

— Eh bien! je l'y rejoindrai! se dit Cardenac en sa colère renouvelée.

Une demi-heure plus tard, il entrait pendant un entr'acte dans la vaste salle lumineuse d'or, grouillante de foule, prenait place au second rang des fauteuils d'orchestre. Il fouilla de l'œil toutes les loges. Vainement. M. de La Roquebrussane n'était pas au théâtre. Ces domestiques ne savent ce qu'ils disent. Mais, comme Cardenac allait se retirer, il tressaillit. Là, à sa droite, il voyait, non pas Léopold lui-même, mais l'image de Léopold dans la glace d'une avant-scène de rez-de-chaussée; et il se sentit pris d'une douloureuse miséricorde, tant ce visage reflété, se détachant sur le lointain confus de la salle, était affreusement blême, tant il y avait d'angoisse et d'étrange épouvante dans la crispation de ces traits. L'orchestre préluda. Cardenac s'était levé. Il irait dans la loge, emmènerait son ami. Mais des spectateurs réclamèrent contre cette sortie tardive qui les dérangeait. Il se rassit. Il regardait toujours Léopold, dans le miroir. La toile monta, découvrant le décor du second acte de *Zo'har*, tragédie-ballet que représentait depuis un mois une compagnie d'acteurs et de danseurs italiens; pièce assez bizarre, dont, en certains endroits, la naïveté et l'audace, en d'autres, n'auraient pas paru supportables à un public français, si elles ne s'étaient faites comme lointaines et mystérieuses derrière cette espèce de voile que met sur la parole et le geste l'inconnu mi-obscur d'un langage étranger. D'ailleurs, *Zo'har* attirait la foule par une très rare magnificence de décors et de costumes.

X

M. de La Roquebrussane, assis au fond de sa loge, immobile, se croyant caché, visible dans le miroir, regardait le spectacle.

A ciel ouvert, sous l'azur nocturne, la salle d'un palais, grande comme une ville, auguste comme un temple, prolongeait infiniment ses trois étages de colonnades trapues, et, chacun sur un piédestal énorme, quadrangulaire, qui semblait de marbre rouge, quatre lampadaires de bronze, au nord, au levant, au couchant, au sud, flamboyaient et fumaient comme des incendies. La salle, d'être vide, paraissait plus vaste et plus solennelle. Et, au milieu, sur une plate-forme jonchée, par grands amas, de lotus blancs et de lotus écarlates mêlant des splendeurs de neige à des rougeurs de massacres, s'érigeait colossalement sur ses pattes de derrière une hideuse idole d'or, mâle et femelle, humaine et bestiale, barbue, mamelue, homme-chèvre, femme-bouc, s'unifiant, bisexuelle et biforme, en un seul monstre qui se riait à lui-même de ses deux bouches semblables à des gueules sous une mitre d'airain allumée d'escarboucles.

Une vague musique, avec des lenteurs d'encens, se répandait dans la solitude, montait vers le dieu immonde.

Échevelées, traînant des voiles, et perdant des chaussures où tintaient des clochettes, cent femmes se ruèrent vers la plate-forme, se prosternèrent devant l'image, puis, debout, cambrées, offrant leurs seins, offrant leurs flancs, hurlèrent d'effrayants cris pareils à ceux que le rut, dans les nuits chaudes, près des puits de bitume, arrache aux louves et aux hyènes glapissantes. Des hommes alors accoururent, ivres comme les femmes, éperdus comme elles, bondissant d'entre les colonnes, franchissant les escaliers, avec le bruit tumultueux d'un troupeau de mâles qui descend la colline. Et chaque amante reconnut son amant, parce qu'ils se ressemblaient lui et elle comme se ressemblent le frère et la sœur engendrés du même sang et enfantés du même ventre. Dispersée en couples jumeaux, la double foule, parmi des clameurs déchirantes de cuivre et de traînants soupirs de hautbois qui défaillent, tournoya devant l'idole, cheveux dans l'air, jambes mêlées, la chair molle et fumant de sueur, en l'étreinte d'une furieuse danse, que n'interrompaient pas, roulantes sous les pieds nus, des pâmoisons de corps enlacés ; et chaque embrassement imitait l'unité monstrueuse de l'idole bisexuelle, barbue et mamelue, qui riait triomphalement de son double rire d'or ; tandis que, hautains entre les piliers et droits comme eux, consacrant par l'accomplissement des rites la frénésie de l'ivresse, des prêtres vieux et blancs, qu'ensanglantait l'incendie des quatre lampadaires, chantaient vers leur dieu :

« Puissant dans le ciel, puissant sur la terre, obéi par les cadavres du ténébreux schéol ; à qui cèdent les astres fraternels s'accouplant par un échange de rayons ; qui te nourris de l'épi germé d'un double grain et respires les deux lys d'une seule tige ; qui te réjouis des squelettes de toute une race dans le lit du même sépulcre ;

Zo'har, nommé de la Ville, ou qui la nommas, prince de Baal roi d'Iavhé, tu ris!

Qui parles bas à l'oreille des vieillards, le soir, quand ils mettent au front de leurs filles le baiser du bon sommeil; qui dis au frère plein de vin, lorsqu'il n'a pas rencontré la prostituée au détour de la route : « C'est dans la deuxième chambre que dort, sous du linge blanc, ta plus jeune sœur »; qui fais s'étonner la mère d'avoir étrangement serré contre sa chair son nourrisson nu;

Zo'har, nommé de la Ville, ou qui la nommas, prince de Baal roi d'Iavhé, tu ris!

Qui espères des couches laborieuses après les effrayants baisers; qui guettes les ventres gros, attendant une sortie de monstres; qui veux l'effroi des enfants indécis de quelle parenté ils nommeront leur père; qui approuves les difformités, les rampements, la ressemblance à des bêtes, les plaies, les lèpres, où s'incarne l'amour que tu conseillas; qui incites les monstres à des accouplements d'où naîtront des monstres pires;

Zo'har, nommé de la Ville, ou qui la nommas, prince de Baal roi d'Iavhé, tu ris!

Qui sais l'avenir pareil à ta volonté; qui prophétises le mensonge des prophéties, la damnation victorieuse de la rédemption; qui souilleras l'eau baptismale, non dans son flot, mais dans sa source, ne tenteras pas l'Homme sur la montagne, mais rendras la Mère douloureuse jalouse de la courtisane aux cheveux odorants; qui seras enfin, la veille du dernier jour, le seigneur des races mélancoliques, raréfiées, presque disparues, où les frères n'aimeront plus la bouche des sœurs stérilisées par l'immémoriale décadence du plaisir dans le mal;

Zo'har, nommé de la Ville, ou qui la nommas, prince de Baal roi d'Iavhé, tu ris, éternellement! »

Mais les chants s'éteignirent, et les musiques, et, dans le silence des danses ralenties, comme une clarté tremble sur le crépuscule, une voix, une seule, loin de la foule, sous des rideaux qui s'écartèrent, parla.

C'était la voix de Naïm, roi de Zo'har; beau, jeune, la face claire entre des boucles brunes, toute la peau si resplendissante de colliers, de bracelets, de ceintures, qu'on l'aurait cru vêtu de pierreries, il était couché sur un lit d'étoffes molles et de fleurs, à côté de Jescha, l'enfant blonde, demi-nue, qui l'enlaçait.

Il parlait :

« O conjugale sœur! tu es la plus belle entre les femmes! Toute blanche avec une bouche fleurie, tu ressembles à une colombe qui aurait une rose au bec. Tu laisses un parfum de nard où tu mets tes pieds nus, de sorte que les abeilles s'étonnent et se demandent : « Pourquoi donc les brins d'herbe ont-ils, ce mois d'abib, une si délicieuse odeur, que nous ne leur connaissions pas? » Tu m'abrites sous tes cheveux comme sous une bonne tente où rien ne manque de ce que peut souhaiter un homme fatigué d'un long voyage, ni le vin réconfortant, car l'eau de ta bouche enivre autant que le sucre des grappes, ni le repos et les songes, puisque le meilleur sommeil gît entre la chaleur de tes seins. Si tu me quittes un instant, je me lamente comme le ramier qui attend sa femelle dans le nid où ils naquirent tous deux et où ils ont leurs œufs à leur tour. Mais si je te rejoins et si tu m'accueilles, je suis joyeux comme le ruisseau qui se jette dans la rivière sa sœur; issus de la même roche, nés de la même goutte d'eau, ils furent séparés par les écueils et les îles, et maintenant leurs ondes jumelles se frôlent, se pénètrent, coulent ensemble dans un seul lit de sable doux ! »

Il parlait encore, quand un vent de tempête, se ruant du ponant entre les piliers trapus, emplit la salle immense, éteignit l'incendie des quatre lampadaires, poussa les prêtres au mur, renversa les femmes sous un accablement de fleurs, ébranla la mitre d'airain de la monstrueuse idole ! et, en même temps, on entendait des retentissements formidables, comme si des tours de bronze s'écroulaient ou comme si des Elohim se battaient à coups de tonnerre. Mais le palais ne s'obscurcit point, parce que l'horizon, visible entre les colonnades, était pareil à la fournaise ouverte d'un volcan ; et, de l'azur nocturne, rougi d'un reflet de flammes, pleuvaient sur le pavé de la salle, çà et là, déjà, des gouttes de lave flambante.

Sur le haut du plus haut escalier, un vieillard apparut, comme apporté par la tempête, la barbe et les cheveux en avant ; deux femmes étaient avec lui, tremblantes, cramponnées à sa robe.

L'un des prêtres, avançant la tête, dit : « C'est Lot, le juste, neveu d'Abram. »

Et Lot, ayant derrière lui le flamboiement de la colère céleste :

« Voici que le cri des Cinq Villes, dit-il, est monté vers le Seigneur ! ton cri, Sédôm, impure devant l'Eternel, qui as dit à l'hôte des anges : « Où « sont les beaux voyageurs qui entrèrent chez vous ce « soir? faites-les sortir afin que nous les connais- « sions; » et le cri de Zéboïm, où les vierges refusent de s'unir avec les jeunes hommes et les épouses de concevoir, mais elles dorment ensemble, deux à deux, et se réveillent lasses; et le cri de Gamora, pleine toute la nuit de hurlements et de bêlements parmi la musique des kinnors et le bruit des cymbales, car on y célèbre les mariages de l'homme avec la louve et de la femme avec le bélier; et le cri d'Adama où les vivants baisent sur la bouche, dans les tombeaux qu'éclaire une horrible lampe nuptiale, la pourriture des mortes désensevelies; et ton cri, Zo'har, Zo'har à qui je parle, lit des filles et des pères, des mères et des fils, monstrueux lit royal du frère et de la sœur ! Or, le Seigneur a dit : « Puisque le cri des Villes s'augmente de plus en « plus, et que leur abomination est montée jusqu'à « son comble, je descendrai, et je verrai si leurs « œuvres répondent à ce cri qui est venu jusqu'à moi; « ou si cela n'est pas ainsi, afin que je le sache. » Et le Seigneur a vu que cela était ainsi, et il a fait descendre du ciel une pluie de soufre et de feu, et il perdra les Cinq Villes avec tous leurs habitants, tout le pays d'alentour avec ceux qui l'habitent, et tout ce qui a quelque verdeur sur la terre; et, où furent Zéboïm, Gamora, Adama, et Zo'har près de Sédôm, on ne verra plus que des cendres enflammées montant de la terre comme la fumée d'un four! »

Avec des redoublements de tonnerres, la nuée, d'où descendait la vengeance du Seigneur, s'avançait vers Zo'har, surplomberait bientôt le palais; les gouttes de lave tombaient plus nombreuses; une femme hurla vers le ciel, le sein brûlé, mais une autre goutte lui brûla son cri dans la bouche. Alors l'épouvante, comme un vent tord un tumulte d'épis, échevela, secoua, prosterna les amants et les amantes. « Zo'har ! Zo'har ! disaient-ils ; puissant dans le ciel, puissant sur la terre, obéi par les cadavres du ténébreux schéol ! défend-nous, protège-nous, détourne, prince de Baal, la pluie affreuse d'Iavhé ! » Mais les prêtres, vieux et blancs, n'invoquaient pas leur idole ; après avoir parlé entre eux, ils s'éloignaient le long des terrasses, regardant par-dessus l'épaule l'avènement de la nuée vermeille, cherchant quelque issue du côté de l'Orient. L'idole elle-même parut inquiète, frémit sur son piédestal. Elle avait tourné sa double face vers le flamboiement du prochain désastre. Mais elle vit, sur le plus haut escalier, fuyantes et entraînant leur père, les deux filles du juste de Sédôm, et, rentrant dans sa paix, rassurée, elle se remit à rire sous sa mitre d'airain allumée d'escarboucles.

Cependant, sur la couche d'étoffes molles et de fleurs, parmi l'épouvante et les vacarmes, sous l'horrible pluie commençante, Naïm et Jescha se souriaient, doux comme des enfants, et se baisaient sur les lèvres.

Naïm disait :

« Sœur de mon berceau, épouse de mon lit, quand tu me regardes, j'ai l'aurore dans le cœur ; ne ferme pas les yeux, ce serait la nuit! Quand tu me touches, je suis plus heureux qu'un rosier où s'arrêtent des tourterelles, plus fier qu'un rocher où se posent des aigles. Les rayons émanent de tes yeux, et, de tes mamelles, les parfums, comme la fumée sort d'une cassolette ou comme la lave sort d'un volcan. Tu as la douceur et tu as la force, plus puissante dans ta petitesse. Sous les vents de flamme, sous le soleil qui brûle les sables et fait haleter les caravanes, les hommes et les femmes se hâtent pleins d'angoisses vers le puits de la bonne oasis ; et ils courent, et ils ne s'arrêtent pas, et ils craignent de mourir avant d'avoir mouillé leurs lèvres dans la fraîcheur de l'eau; mais, bien plus ardemment que les voyageurs du désert, mes baisers, comme des volées d'oiseaux de proie et comme des troupeaux tumultueux de béliers qui bondissent, se précipitent vers le puits rose de ta bouche! »

Peut-être sous le coup de pied de quelque ange géant volant à travers l'espace, les tours et les escaliers, les piliers et les lampadaires et la colossale idole d'or s'écroulèrent épouvantablement, écrasant la hurlante foule des hommes et des femmes, et l'averse de feu avec la grêle de soufre, immense, tombait sur la ville éboulée qui remuait comme un tremblement de terre.

Pour la première fois, Naïm et Jescha daignèrent tourner la tête, et ils ne frémirent point, entre les décombres, voyant le ciel pareil à un gouffre de flammes et de sang.

Tout cet incendie était les quatre ailes ouvertes du cheroub d'Iavhé, les regardant !

Mais debout, et tenant dans ses bras Jescha, l'enfant blonde, qui l'enlaçait :

— Achève ! cria Naïm. Pourquoi nous épargnes-tu, messager des vengeances ? Ne nous connais-tu pas ? Voici Jescha, ma sœur et ma femme, et je suis le jeune roi incestueux des peuples qui défient le Seigneur Iavhé. Achève, frappe, brûle, extermine ! Nous serons, mêlés à d'autres poussières, des cendres sur qui marchera le voyageur au bord de la Mer Salée. Que nous importe ! Nous triomphons, parce que nous nous aimâmes. L'orgueil que ton Dieu lui-même ne peut ravir au crime, c'est d'avoir précédé le châtiment. Toute peine vient trop tard ! Rien ne saurait empêcher, puisqu'elles furent, les joies de l'hymen fraternel, et tu ne désaccoupleras pas notre enlacement d'hier !

Cependant, au fond de sa loge, en entendant ces choses que disait un acteur, devant ce décor à transformations, devant ces trucs, Léopold de La

Roquebrussane, — presque en face du miroir où tremblait son reflet, — frémissait, pantelait, éperdu, avec de brusques sautées de sang à la pâleur de sa face ; un instant, penché, le cou tendu, pareil à quelqu'un qui veut et n'ose pas, qui désire et s'effraye, il eut sur les lèvres le muet remuement des paroles que l'autre — l'autre frère, sur la scène, — scandait avec emphase...

Une main lui tomba sur l'épaule, plus lourde que si elle eût été de bronze.

— Misérable !

— Oh ! dit Léopold.

Et il fléchit, stupide, les bras ballants.

Mais Cardenac, qui ne le lâchait point, l'entraîna par les couloirs vides, puis par les rues, le long des maisons, à travers les cohues. Ils ne se parlaient pas. Léopold suivait, la tête basse, chancelant, hagard, semblable à un ivrogne assassin tout à coup dessoûlé au milieu de son crime.

FIN DU LIVRE PREMIER

LIVRE DEUXIÈME

I

Rentré chez lui, la lampe vite allumée, Cardenac tourna la tête, cherchant des yeux Léopold. Celui-ci, tombé dans un fauteuil près de la porte, le front vers le parquet, ses bras pendants entre ses jambes, ne donnait pas signe de vie. On aurait dit un lâche enfant surpris en déshonneur par l'irréprochable aïeul, et qui se courbe sous la malédiction prochaine, et à qui semble qu'il ne se redressera jamais. Cette immobilité, l'instinct la conseille à certaines bêtes faibles, devant l'approche d'un péril; elles s'abandonnent, ne bougent plus, font les mortes espérant peut-être désarmer la menace par l'apparence de l'insensibilité.

Mais Cardenac le prit rudement au collet de l'habit avec l'air de secouer un dormeur.

— Allons, maintenant, parle.

L'autre baissa les paupières, comme un homme nu, honteux de quelque plaie, ne veut pas voir qu'on le regarde.

— Tu parleras, tu diras tout, reprit Cardenac. Il faut que je sache quand, comment, cet infernal amour t'est venu.

Il l'avait saisi par les cheveux et le forçait à lever le front; penché vers lui, il lui jeta dans les yeux le mépris furieux de son regard.

— Tiens, je te tuerais!

Et il le laissa retomber, comme le bourreau lâche une tête.

Il se mit à marcher par la chambre, d'un mur à l'autre; il essayait d'user sa colère en des frappements du pied, à des bousculades de meubles. Il ne se calmait pas. Il débordait de bile, la bouche pleine de jurons et d'outrages. Puis, tout à coup, il éclata de rire, et, comme répondant à une question qu'on lui aurait adressée :

— M. de La Roquebrussane? Mon ami? ah! certainement, mon plus cher, mon seul ami. A propos, vous ne savez pas, il est l'amant de sa sœur!

Léopold avait bondi. Il se plaça devant Cardenac et le regarda en face.

— Tu ne crois pas cela! tu ne peux pas le croire! je ne veux pas que tu le croies!

Il parlait d'une voix forte.

Être accusé d'un crime abominable, qu'il n'avait pas commis, lui créait une espèce d'innocence où s'atténuaient la honte et le remords de sa faute réelle; l'injustice de ce soupçon lui rendait des droits à quelque fierté.

Il continua :

— Oui, cela est vrai, et je l'avoue, et je ne puis pas dire non puisque tu as surpris mon secret, j'aime d'un exécrable amour cette jeune fille, Stéphana, l'enfant de mon père, ma sœur! Mais, jamais, m'entends-tu bien, jamais, ni d'une parole, ni d'un regard, ni d'un geste, je ne lui ai révélé la passion qui m'obsède. Une seule fois je l'ai baisée au front, et ce jour-là, oh! je le jure par les os sacrés de ma mère, qui n'est pas la sienne! qui n'est pas la sienne! consolation unique! j'ignorais de quelle brûlure inextinguible le souvenir de ce baiser me dévorerait les lèvres!

— De sorte, dit Cardenac, en un ricanement, que ta conscience est tranquille? Peut-être même te crois-tu digne de louange parce que tu t'es arrêté à mi-chemin de l'ignominie. Tu pouvais être immonde, tu t'enorgueillis de n'être qu'infâme.

Il cessa de rire.

— De toutes façons, tu es un misérable. Mais je dois connaître, dans tous ses détails, cette monstrueuse abjection. Il le faut, obéis, parle. J'écoute, je juge. Tu ne seras pas absous.

II

Léopold de La Roquebrussane avait souvent projeté de revoir le château, les champs, les bois où s'écoula son enfance avec une lente langueur rêveuse, la chapelle où le jeune prêtre, ignorant du monde, l'instruisait du ciel et des chrétiennes espérances, et surtout la maison de Mme Cardenac; vieille bâtisse large et basse, déplâtrée, avec son toit rouge au milieu d'un clos de pommiers où bien des fois, Justin et lui, après quelque escapade, assis au frais sous un arbre, avaient déjeuné de pain de seigle trempé dans des jattes de grès toutes mousseuses de crème, tandis que la bonne femme, à côté d'eux, les regardait avec attendrissement, veillant à ce qu'ils ne manquassent de rien, ôtait parfois de leurs cheveux des ronces et des feuilles sèches; un grand chien noir, debout, une patte au bord de la table, parmi l'inquiétude et les volètements des poules, guettait les miettes, ouvrait la gueule, bâillait de faim.

Vers les derniers jours de l'été, Léopold céda aux instances de Mme Cardenac, et partit pour Nemours. A l'arrivée, il ne monta pas dans le vieil omnibus jaune et brun qui fait le service, de la gare à Castel-Lauterès, avec des cahotements et des bruits de grelots; il connaissait bien la route; il irait à pied. Il remarqua à l'un des coins de la place, au bas de la côte, une boutique de mercerie qu'il n'avait jamais vue; autrefois il y avait à cet angle une auberge avec un cheval à la crinière ébouriffée peint sur la tôle de l'enseigne; un détail que l'on ne retrouve plus dans un ensemble de choses jadis familières, c'est comme, dans un escalier, une marche qui manque; la mémoire, déconcertée, perd pied, a besoin d'un instant pour se reconnaître.

Il grimpa la côte, sous le soleil matinal, entre les peupliers sveltes, qui n'avaient pas grandi, pareils à ce qu'ils furent et faisant le même murmure de soie froissée; la route était grise et longue comme autrefois, le même ciel bleu pâle, avec peu de nuées, avait l'air, derrière le haut du chemin, d'y toucher presque ; le vieux cordier, à gauche, au delà du fossé, allait encore, sous son chapeau de paille, d'une hutte à l'autre hutte, en faisant tourner entre ses doigts le gros chanvre roui ; les oisillons éparpillaient de l'herbe aux feuilles un gazouillement reconnu.

Au milieu de tout ce passé, Léopold se sentait enveloppé et pénétré à la fois d'une langueur bienfaisante ; il rentrait dans quelque chose de très doux, quelque chose de très doux rentrait en lui ; il avait sur son corps un glissement de caresses et, dans ses veines, au lieu de sang, comme une coulée de lait.

Il vit les premières maisonnettes de Castel-Lauterès ; il s'arrêta devant la petite église, pâle, longue, étroite, appointie d'un clocher effilé en un toit fin d'ardoise où s'érigeait un coq à l'aile rousse de rouille.

Ne venait-il pas là, souvent, jadis, — quoique Justin Cardenac se moquât un peu de lui, — faire ses dévotions, réciter, selon la pénitence imposée par son confesseur, des Pater et des Ave ? La foi de la première enfance, il l'avait encore, aussi ferme, à peine moins ingénue ; pas plus que les choses il n'avait changé.

Il poussa le battant de cuir, entra dans l'église.

Elle était blanche et fraîche : le plâtre nu des murs, très lisse au soleil, avait une netteté d'innocence ; çà et là, des saintes et des saints, en bois peinturé, avec des nimbes en fils de cuivre, les quatorze Stations, rouges et bleues, dans de petits cadres vernis, faisaient penser, pauvres imageries, aux bonnes âmes dévotes, pas subtiles, sans exigences ni hautes visées, dont la religion se puérilise en des crédulités naïves, en de niaises pratiques, à ces âmes simples qui prêtent à rire et vont au ciel.

Il s'agenouilla sur la paille d'une chaise, les coudes à la planchette en pente, le front dans ses mains jointes, et il pria, se souvenant.

Il tourna la tête, à cause d'un bruit. Une femme, dont il ne voyait pas le visage, était prosternée sur le pavé, dans l'ombre longue d'un confessionnal, vers l'autel. Ne l'avait-il pas remarquée en entrant, ou bien s'était-elle mise là, silencieusement, tandis qu'il priait ? Il la regarda. Quoique simplement vêtue, ce n'était pas une paysanne ; sa robe de laine, sombre, à plis droits, aurait pu être l'habit d'une religieuse ; il voyait, sous le relèvement d'une coiffe de toile, une abondance de cheveux bruns, roulés, pesant sur la nuque.

Par trois fois, elle baisa le pavé, puis se leva, se tourna vers la sortie. Elle était très grande et très belle. Elle marchait lentement, avec un rythme de procession; elle avait dans ses yeux, lumineux et noirs, sous l'ombre des grands cils, une ardeur recueillie. Près de la porte, elle trempa dans le bénitier ses doigts longs et pâles d'où, quand elle se signa, une goutte lui demeura sur le front, comme une larme qu'on aurait pleurée sur elle.

Enclin au rêve, et si ouvert aux chimères par l'épanouissement de son cœur rajeuni, Léopold crut voir passer la résurrection d'une sainte qui dormit longtemps sous les dalles tumulaires; ou bien c'était l'âme de l'église, angéliquement incarnée.

Mais, dehors, dans les gaietés du chemin, où il ne la retrouva pas, vite disparue, son rêve se fit plus vivant, tout à fait proche du possible. Cette jeune fille devait être l'enfant de quelque châtelain des environs ou de quelque bourgeois : austèrement élevée, pieuse, bonne ménagère aussi. Et, parce qu'il l'avait trouvée très belle, il songea. Que faisait-il à Paris, s'ennuyant presque parmi les plaisirs et les bruits où il ne prenait pas goût? Même les lointains voyages, avec Cardenac, ne le tentaient plus. Il avait toujours eu un besoin de solitude attendrie, dans un grand jardin, au delà des villes; de paix, la nuit venue, sous la lampe, tandis que rarement sonne un pas sur la route. Quel meilleur prétexte de vivre qu'une jeune femme en peignoir clair, assise au soleil, près du perron, parmi des enfants qui jouent, et, le soir, le profil pâle, dans la pénombre, de la silencieuse amie, qui se penche vers du linge, et qui coud, tandis qu'on lit? Puis, ce serait, presque religieusement, après la prière commune, sanctificatrice du baiser prochain, le retour de chaque soir dans le lit sacré où l'épouse entra vierge. Et Léopold se demandait pourquoi ce bonheur, si pareil à son désir, lui serait refusé. Sait-on ce qui arrivera ? Il retrouverait peut-être, — oui, c'était probable, dans ce petit pays, il la retrouverait, — la jeune fille qui avait prié, ce jour-là, en même temps que lui. Il se rappela que, tout d'abord, entrant dans l'église, il avait vu devant l'autel, dans le cristal d'un calice, un très grand lys, à côté d'un cierge allumé qui avait l'air de faire un vœu.

En songeant de la sorte, il arriva devant la haie d'un clos de pommiers.

Une vieille femme, de l'autre côté d'une grille en bois, prenait à pleins poings dans son tablier de l'avoine et du maïs qu'elle jetait à un peuple voletant et caquetant de poules, de canes, de coqs. Tout le grain tomba du tablier lâché ! car Mme Cardenac, qui venait d'apercevoir Léopold, courait à lui, bonne femme joyeuse comme du retour d'un fils. Puis, quand elle l'eut embrassé vingt fois, grondé aussi de ne pas avoir écrit quel jour il arriverait, — on serait allé le chercher à Nemours, avec le cabriolet, — elle se tourna vers la maison, en criant :

— Stéphana! viens donc vite! Mais viens donc, Stéphana, c'est ton frère!

Mme Cardenac avait ménagé à Léopold cette surprise de le mettre en présence de sa sœur. Que ces enfants ne se fussent jamais rencontrés, ne s'aimassent point, eux qu'elle aimait, c'était une chose qui la tourmentait depuis longtemps; elle avait obtenu de la mère Marie-Angélique, en se disant malade, que Stéphana passerait quelque temps à Castel-Lauterès, elle avait écrit à Léopold qu'elle ne voulait pas mourir sans l'avoir revu; et qu'espérait-elle de ce petit complot? qu'une tendresse unirait enfin le frère et la sœur, que celle-ci, peut-être, conseillée par Léopold, renoncerait au couvent, rentrerait dans la vie. Mme Cardenac, — dévote une fois par semaine, le dimanche, pendant la messe, — approuvait hautement les gens qui se marient et qui ont beaucoup d'enfants. Son désespoir, c'était le célibat de son fils. « Eh! maman, chez les anthropophages, on trouve peu de belles demoiselles! » Mauvaise raison. Plutôt que de n'avoir point de bru, elle aurait permis à Justin d'épouser une fille de cannibale, un anneau pendant au nez; son désir d'être grand'mère eût admis un petit nègre.

Sans hâte, mais sans hésitation, Stéphana s'avança vers son frère, un sourire grave aux lèvres.

Il tressaillit à peine; une flamme qu'il eut dans les yeux s'éteignit très vite. Il avait reconnu la jeune fille vue à l'église, tout à l'heure. Sa sœur, elle! Fut-ce un chagrin, un regret? Non. Un peu d'étonnement. Rien. La chimère d'une minute n'avait eu qu'une lueur trop douteuse et trop brève pour faire de l'ombre en s'évanouissant. Pas même cette objection à la destinée, qu'il eût mieux valu qu'il n'en fût pas ainsi. Au contraire, il approuvait les providences qui achevaient sa race en cette belle et pieuse jeune fille, qui mettaient au bout de la branche souillée et maudite cette fleur de rédemption. Car, dès ce moment, il reconnut que Stéphana, vouée à Dieu, lui était due, ne pouvait appartenir qu'au suprême époux. Comment cette idée ne s'était pas imposée à lui, tout d'abord, au premier aspect, dans l'église, de cette prédestinée, c'est ce qu'il ne pouvait comprendre. Elle avait choisi la bonne voie, la voie qui était la sienne. Elle serait, très loin, longtemps, toujours, comme un grand ange en prière.

— Eh bien! embrassez-vous donc, pour faire connaissance! dit Mme Cardenac en éclatant de rire.

Une montée de sang empourpra les joues de Stéphana ; Léopold, un peu gêné, sourit. Ils se saluèrent. Il offrit son bras à Mlle de La Roquebrussane ; elle y posa sa main longue et pâle, très légèrement, et ils allèrent vers la maison ; elle le considérait, en marchant, de ses grands yeux fixes ; il ne la regardait pas.

Les premiers jours, aucune familiarité ne s'établit entre eux, au grand agacement de Mme Cardenac, pas cérémonieuse ni cachottière, aimant qu'on se dépêche en amitié comme en toute chose, voulant qu'on se tutoie tout de suite ; elle refusait d'admettre que cette réserve fût légitime entre un jeune homme et une jeune fille, frère et sœur sans doute, mais inconnus l'un à l'autre, nés de mères différentes. Et ce qui l'enrageait le plus, c'est que Léopold approuvait la vocation religieuse de Stéphana. « D'abord elle est trop belle pour s'enterrer dans un couvent ! Au bon Dieu, les jolies ne sont pas plus agréables que les laides, — ça se comprend, pour ce qu'il en fait ! — tandis qu'elles sont généralement préférées par les époux terrestres. Ce qui serait bien, ce serait de remplacer Stéphana, chez les Ursulines, par une bossue : le monde y gagnerait et le ciel n'y perdrait rien. Puis, vois-tu, Léopold, ajoutait la bonne femme en baissant la voix ; elle se repentira bientôt d'avoir pris le voile, c'est moi qui te le dis. Regarde ses yeux, quand elle ne sait pas qu'on l'observe. Mais voilà, qu'elle soit malheureuse, cela te sera bien égal, à toi, cela te fera plaisir, au contraire, parce que tu ne peux pas la souffrir ! »

Mme Cardenac se trompait ; il commençait d'aimer sa sœur ; maintenant qu'il apprenait à la connaître, si pure, et l'âme haute, il se reprochait sa longue indifférence à l'égard de Stéphana, se blâmait de ne lui avoir pas été fraternel ; il ne tarderait guère à la chérir d'une affection profonde ; une douceur lui emplissait le cœur peu à peu comme de la neige tiède qui tomberait lentement.

Voici déjà que, pendant des heures, ils se promenaient côte à côte sur la route, dans la grande solitude du pays plat ; elle, le front levé, parlant haut ; lui, courbé, l'écoutant.

Elle disait son enfance pensive, exaltée déjà, sans jeux, sans sourires, entre le lent va-et-vient des nonnes silencieuses ; ses premières ferveurs, par crises, dans la chapelle, devant les pieds saignants de l'Image ; et une maladie qu'elle avait faite, à quatorze ans, maladie étrange, avec des délires pleins de sanglots et de larmes, et d'appels les bras tendus : rien ne la pouvait calmer qu'un crucifix posé sur sa bouche ; elle le baisait, et s'endormait heureuse. Puis, guérie, ce fut, comme dans une extase continue, l'amour furieux des macérations et des jeûnes, des longues nuits en oraison, avec le front heurté au mur jusqu'à l'ensanglantement, des genoux nus sur la pierre, du cilice qui ne mord jamais assez, et les frénétiques baisers sur les clous de la Croix, où elle se déchirait délicieusement les lèvres!

Ses yeux, tandis qu'elle parlait ainsi, s'agrandissaient, devenaient fixes, pareils aux yeux d'une visionnaire; ils auraient été effrayants s'ils n'avaient été sublimes.

D'autre fois, plus calme, et douce, sans câlinerie cependant, gardant, dans l'amollissement de l'attitude, une rigidité de Galathée ascétique à peine féminisée, et, dans l'affabilité sororale de la voix, un peu du plain-chant des cantiques, elle demandait à Léopold de conter à son tour, de dire la vie qu'il avait eue parmi la sauvagerie et les périls des voyages; et elle l'écoutait, le menton dans la main, avec une complaisance dont il croyait, baissant la tête, sentir sur lui la caresse attendrie, un peu dédaigneuse. Car, au prix des rêveries à travers ciel, et des méritoires lancinations du cilice, où elle se plaisait, presque une sainte, c'était peu de chose que les espoirs de découvertes, que les fatigues endurées et les longues soifs sous les midis et les minuits sans pluie. Mais non, il se trompait, elle prenait intérêt aux choses qui étaient arrivées à son frère; contente de la trouvaille d'un lac jusqu'à ce jour douteux, s'effrayant des surgissements possibles, tout à coup, de derrière une haie, des nègres ou des bêtes; s'il levait le front, il voyait dans les yeux de Stéphana, une tension de regard, étrangement lumineuse et chaude, pareille à celle dont ils s'écarquillaient quand elle parlait des pieds de Jésus-Christ, baisés! Sans doute elle l'entendait à peine, songeant aux choses célestes tandis qu'il rappelait de vraies aventures sur des terres inconnues; à côté d'elle, la pure illuminée, si près d'être un ange, il avait, en une humble adoration, la pudeur de son humanité.

Ainsi s'établissait entre eux, — sans les familiarités qui auraient satisfait Mme Cardenac et avec une apparence de trop calme sympathie, — une intimité d'âme; en même temps, il éprouvait pour elle, déjà, cette affection d'habitude, ce soin, cette inquiétude d'un accident, qu'éprouve un religieux, après les extases, pour l'amulette qui les lui suggéra.

Un soir, dans la salle basse, sous la lampe au grand abat-jour, Stéphana lisait à haute voix l'Évangile; Léopold, le front dans ses mains, sentait tomber en son cœur, goutte à goutte, et s'y vaporisant, la parole divine, plus puissante et plus pure d'être cette voix ; Mme Cardenac se penchait, attentive au linge que raccommodait son aiguille, fermait les yeux, se secouait, les rouvrait vite, s'inclinait encore, s'endormirait bientôt.

Elle s'endormit.

La parabole achevée, Stéphana se leva, marcha vers la fenêtre, de son pas d'hallucinée, et l'ouvrit toute grande.

Puis, s'accoudant au bois de la croisée, elle dit à Léopold :

— Venez !

Maintenant, tout près l'un de l'autre, dans la chaleur d'un soir d'été, elle plus grande parce qu'elle ne se courbait point, ils regardaient le ciel.

Toute l'immensité de l'azur fourmillant d'astres, comme une aile incommensurable duvetée de feu et dont le vol jamais ne s'achèvera s'éployait vers le lointain démesuré des mystérieuses brumes bleues aussi où devrait apparaître, exigé par la contemplation des âmes, Dieu ! Et, devant la sublimité nocturne, ces chrétiens, la sœur et le frère, rapprochés, sans s'être avertis d'une parole ni d'un geste, semblèrent, levant la tête et les bras, prier éperdument, dans une communauté instinctive d'extase. Puis, dressée vers le précipice resplendissant de la nuit, Stéphana saisit la main de Léopold, pour l'entraîner ! Il crut la suivre d'étoile en étoile, et, plus loin que les étoiles, d'infini en infini. S'échapper de soi, ne rien garder des pesanteurs humaines, monter, plus léger toujours, monter encore, laisser même tomber les ailes de son âme inutiles dans le suprême vol, s'évanouir, épars, dans le divin néant, ne plus concevoir qu'on fut tant on est loin d'avoir été, ce n'est que l'entrée dans les premiers gouffres ; il concevait, avec ce qui lui restait de chair et de sang, qu'elle allait plus loin que lui, qu'elle se répandait en d'autres abîmes, se perdait seule dans la lucidité éblouissante du jour au delà du jour, et devenait enfin, elle-même, ce qu'il ne pouvait voir ! Brisé, exténué, il retomba, renonça. Il la considéra, de tout près, réelle. Elle avait dans ses prunelles, un peu tournées vers lui, le resplendissement de la divinité conquise ; elle était superbe et douce ; et, dans la ferveur de sa dévotion fraternelle, il baisa le front de Stéphana, s'étonnant de n'y pas trouver un nimbe !

— Enfin ! ils s'embrassent ! Ce n'est pas trop tôt ! s'écria Mme Cardenac, réveillée, en un franc éclat de rire.

Elle voulait absolument que Thérésine, la vieille servante, toujours ronflante dans le vestibule, descendît à la cave, rapportât une bouteille de vieux vin blanc, que l'on boirait pour fêter l'accord définitif. Ces paroles furent à Léopold comme dans un liquide ces gouttes acidulées qui en changent soudainement la saveur, la couleur; il se sentit amer et sombre; humilié de ce retour, de si haut, dans la vie.

Mais, quelques instants plus tard, seul, dans sa chambre, au premier étage du pavillon où il logeait depuis un mois, il retrouva, parmi le calme nocturne et la pénombre de la lampe, le charme du rêve perdu; paisible, heureux, il avait le cœur léger et clair d'avoir plané dans la lumière.

Il se coucha, s'endormit vite, la lampe éteinte, avec ce sourire de la conscience qui présage les bons sommeils.

Il s'éveilla, comme d'un coup de cloche!

Beaucoup d'hommes qui se sont sentis, brusquement, devenir différents d'eux-mêmes, en qui s'est opérée, avec la soudaineté d'un virement de barque sous une saute de vent, une orientation nouvelle — vers le mal hélas! — de leur être entier, racontent qu'ils ont cru entendre alors, pendant le sommeil ou pendant la veille, ce coup de cloche! comme si un invisible avertisseur, en quelque lieu de l'ombre, sonnait un ordre de départ pour l'enfer.

Les oreilles bourdonnantes, les yeux troublés de rougeurs vagues, il était assis sur son lit, dans les ténèbres. Qu'était-ce? que s'était-il passé? de quel cauchemar sortait-il? Une fin de frisson lui courait sur toute la peau; roide, mouillé d'une sueur glacée, il avait l'effarement d'un mort, naguère couché sous une avalanche, qui se dresserait à demi ressuscité et sentirait fondre sur lui son linceul de neige. Il balbutiait entre ses dents claquantes : « Eh bien ! quoi? voyons, quoi? » et il avait peur, si horriblement peur d'une chose inconnue, qui avait dû se passer ou qui allait se passer; cette chose avait été ou serait à tel point épouvantable qui si un spectre, à ce moment, blanc de ses os pâles dans la nuit, lui était apparu, disant : « C'est moi qui t'ai touché à l'épaule, » il eut été rassuré. Tout à coup, avec un hoquet de dégoût, il s'élança de son lit ! Oh ! cette abjection des adolescents hantés d'un rêve infâme qui défaillent en des essoufflements, et des moines, la bave du rut aux gencives, qui se vautrent sur la laine de leurs grabats, changée en chair par le délire des concupiscences. Misérable bête virile ! Fange rebelle du corps, éclaboussement de l'âme ! Ordure d'être homme ! Il n'osait pas rallumer la lampe, de peur de se voir dans la glace. Mais, cette honte, enfin, d'où lui était-elle surgie? Est-ce qu'elles rôdent en effet dans le songe des endormis, les luxures démoniaques, avec des bouches et des seins de femme, et des jambes qui se glissent et s'allongent? Il ne se souvenait d'aucun rêve, d'aucune illusion tentatrice. Et, maintenant, debout au milieu de la chambre, il n'avait plus froid, quoique demi-nu. Lentement une chaleur lui glissait sur la peau, tiédissant sa sueur, montait jusqu'à ses tempes, courait parmi ses cheveux; il lui semblait qu'elle émanait de ses lèvres, comme s'il avait eu là une brûlure; elle se faisait plus ardente, et, dans cet enveloppement, il étouffait. Il eut, ne désirant rien, un halètement de désir! La peur le reprit. Il se jeta vers la fenêtre, l'ouvrit largement, se pencha dans la fraîcheur de l'ombre, aspira le vent par grandes bouffées.

Il était plus calme dans la sérénité nocturne.

En face de lui, au premier étage, une fenêtre luisait: celle de Stéphana; souvent la pieuse fille veillait tard, lisant quelque livre de dévotion, ou priant; le voisinage de cette sainteté, de cette pudeur l'apaisa tout à-fait, chassant les mauvaises hantises.

Derrière la transparence des rideaux blancs, elle se tenait debout devant le miroir, un bras levé; les mousselines de la croisée étaient si diaphanes qu'il vit le va-et-vient du peigne dans les longs cheveux sombres, et, quand elle se tourna, toute la chair vivante d'une gorge!

Il se rejeta dans la chambre, avec un cri sourd. Il se souvenait, il se souvenait! Celle qu'il avait possédée, endormi, — car, à présent, la mémoire d'un rêve lui revenait, épouvantablement précise et minutieuse, — celle qu'il avait baisée de ses lèvres, embrassée de ses bras, serrée toute nue contre son corps tout nu, ici, sur ce drap, ô abomination! ô monstruosité! c'était elle, oui, elle, elle, elle, Stéphana, sa sœur! Était-ce possible? c'était vrai. Oh! comme il se souvenait avec dégoût, de tout le crime, de toute la joie hélas! Et ç'avait été d'abord un songe grotesquement hideux. Non, elles ne mentent pas, les légendes des solitaires bafoués et tourmentés par l'ironique enfer! Vague, fait de la brume du somme, prenant corps, pareil, en effet, à ces démons des tentations nocturnes, qui hantaient le cauchemar des ermites, un être, ignoblement joli, sautelant comme un babouin sous un empanachement de bouffon, la face traversée d'un ricanement sans dents, avait grimpé sur le lit, soufflant au nez du dormeur une sale odeur de péché. Mais un parfum emplit la chambre à cause de Stéphana qui, en pirouettant, faisait tourner tous ses cheveux défaits; le déploiement de cette chevelure fut comme une tente noire à travers laquelle on ne voit pas le ciel. Alors le démon sauta à terre, s'accroupit à côté de la femme; il semblait un nain jouant parmi la robe d'une reine; mais la reine était vêtue de bure; il retroussait la jupe, l'austère jupe de nonne, d'un doigt chargé de bagues, montrant, cachant, montrant, avec des facéties de singe, la rondeur d'un bas hors d'un gros soulier, et, plus haut, très vite éteint, l'éclair d'une blancheur grasse. Puis, debout sur une table, riant, à chaque minute, vers le lit, gesticulant devant la belle fille contente et qui voulait bien, il la déshabilla, sans hâte, selon l'exécrable peu-à-peu des savants libertinages, écarta le col, fit sauter un bouton, — de la chair étincela ! — tira du corsage entr'ouvert la toile de la chemise, d'où surgit la poussée grossissante d'un sein nu ! Et lui, Léopold, dans le frisson du cauchemar, il sentait l'approche de cette peau qui s'offrait. Il la refusait, s'écartait, avec l'horreur et le vertige d'un homme que poursuivrait un gouffre. Mais il vit les yeux de Stéphana ! et devint fou. Car, dans ces yeux agrandis, presque démesurés, — dans ces yeux qu'extasièrent des visions sacrées, — vivait la parodie abominable du ciel. Leur lueur était incendie, leur paradis enfer, paradis cependant, lumineux et noir, fait de ténèbres de feu, où la nudité des luxures imitait des blancheurs d'ailes, où, mêlant des chairs, joignant des bouches, un sabbat sacrilège d'anges projetait dans l'infini une immonde voie lactée ! Éperdu, le dormeur se rua vers la damnation offerte, et il prit cette femme, et, de ses dents, de ses doigts, qu'il crut des griffes, il arracha les étoffes, et il l'emporta, et il la tint, nue, — sa sœur ! — entre ses bras qui ne se rouvriraient plus ! Il succomba, souillé. Ce fut alors que sonna le coup de cloche !

Tandis qu'il se recordait, plein d'effroi, ce songe, Léopold, les mains aux tempes, serrant son crâne, sentit, le long de ses doigts, une coulée tiède ; du sang ; il avait, des ongles, déchiré sa peau.

Mais sa rage contre lui-même, et la nausée de son remords, ne lui venaient pas seulement de ce cauchemar évanoui. La chair dormante, d'où l'âme s'est absentée, a des hallucinations dont l'âme n'est pas responsable ; pour les crimes du sommeil, celle-ci peut objecter, à l'accusation de complicité, des alibis. Non, ce qui le comblait d'épouvante, ce qui faisait, là, dans le silence et dans l'ombre, se hérisser les poils de sa chair, c'était que, maintenant, en l'état de veille, se sentant vivre, pas inconscient, ô turpitude ! il désirait encore, de tout lui, cette femme ! Et les souvenirs détestables de l'hallucination ne suffisaient pas à son besoin d'ignominie.

Oui, il la voulait.

Ah ! ceci, c'était l'opprobre absolu, la parfaite horreur, le mépris et la malédiction de soi ; la nécessité d'un couteau dans le cœur, ou d'une balle dans la tête, l'urgence de n'être plus.

Mais, infâme, ce désir le tenait.

Malgré lui, il tournait les yeux vers la fenêtre

restée ouverte, espérant, dans une indicible intensité de terreur, qu'il reverrait peut-être à travers les transparences la vraie chair de la gorge!

Il se jeta vers la croisée, la ferma, tira les rideaux, se retourna, le dos à la vitre; il refusait toute issue à sa passion; comme un belluaire, au risque d'être dévoré, s'enfermerait avec l'animal qu'il ne domptera pas. Et ce qu'il venait de faire, Léopold le ferait toujours; il était sûr de son énergie; jamais la bête qui était en lui ne s'échapperait. Mais il la sentirait vivre, le mordre et le souiller, furieuse et abjecte, tenant du tigre et de l'escarbot. C'était effrayant.

Il n'était plus, à présent, la dupe de lui-même. Le lamentable amour qu'un songe avait réalisé, il s'avouait qu'il le portait en son cœur, en son sang, depuis bien des jours, virtuel. Son amitié fraternelle, naissante, grandissante, ses respects, ses sympathies, ses admirations, ne furent que les hypocrites déguisements d'une immonde convoitise; dès la minute où il avait vu Stéphana prosternée dans l'ombre du confessionnal, avec ses lourds cheveux sous le relèvement de la coiffe, il l'avait aimée; seule, sa jalousie voulait qu'elle appartînt à Dieu; et le baiser, ce soir, le baiser, dont la chaleur lui avait coulé toute la nuit dans les veines, c'était avec des lèvres d'amant que, dans l'imposture d'une religieuse adoration, il l'avait mis au front de sa sœur! Ah! menteur! ah! misérable! Ainsi, voilà où il en était. Chaste jusqu'à cette heure, ayant fui, par un instinct dont il s'enorgueillissait, les vilenies du plaisir, détestant les lits prostitués et les vénales caresses, plein de mépris pour les acheteurs de joies, fier de sa pure solitude, ses pudeurs, ses délicatesses, ses noblesses aboutissaient à l'ordure épouvantable de l'inceste!

L'inceste!

Ce mot qui lui montait aux lèvres pour la première fois, — et ce fut comme s'il avait eu entre les dents un morceau puant de cadavre, — il le cracha dans un cri! Fou d'horreur, se tenant par les cheveux, il battait le mur de son front, tant qu'enfin, secouée d'un choc trop fort, sa tête vacillante, où tournaient des délires, s'abandonna; il se sentit défaillir : tant mieux si c'était la mort! et il tomba sur le parquet, les bras en avant, loin, oh! loin de son lit!

Des heures s'écoulèrent.

Le jour vint.

Comme une ménagère matinale, entrée dans un appartement, s'empresse, écarte les rideaux, donne de l'air, furète, époussette, nettoie, remet les meubles en place, la lumière, en pénétrant dans l'homme, rapide, vivante, chasse l'ombre et la poussière des songes et réordonne les idées.

Léopold, les yeux rouverts à la clarté, se sentit étrangement calme.

O infernale nuit!

Mais, grâce à Dieu, c'était achevé. Avec les ténèbres s'évanouirent les impuretés du cauchemar. Oui, du cauchemar! car, certainement, il ne s'était pas éveillé cette nuit : il avait cru s'éveiller, il s'était trompé; son crime, ignoble et absurde, n'avait pas cessé d'avoir pour excuse l'irresponsabilité du rêve. Souvent, dans un songe, on s'imagine qu'on ne dort plus, on s'agite, on se lève, et l'on a d'horribles pensées et l'on accomplit d'horribles actions; mais c'est le rêve qui continue. Est-ce qu'il était croyable qu'en lui, honnête homme et chrétien, fût née véritablement une aussi diabolique concupiscence? Allons donc, quelle folie! Les tentations, les convoitises, les souillures, — chimères. C'était déjà bien assez affreux qu'une telle irréalité eût été possible! Mais c'était fini. Il ne fallait plus penser à cela; non, pas même avec dégoût; il est de si sales ordures que l'on se souille au mépris qu'on en fait. N'y plus penser. Puisque c'était fini. Ah! comme il respirait, délivré! La tête ravivée d'eau, habillé à la hâte, il poussa la fenêtre. Le ciel, après une nuit d'orage, luisait si bleu, si clair; l'humidité de la brise passait dans la fraîcheur de l'espace; caressée du frôlement circulaire d'une seule hirondelle, la pelouse ondulait sous le souffle comme un bassin vert, et la fusée de plumes de deux moineaux bec à bec s'élançait avec l'essor droit d'un jet d'eau; il y avait dans les champs, sur les routes, autour des maisons encore endormies sous les paupières des volets clos, dans toute la lumière pure, ce silence déjà murmurant de la vie qui va recommencer. Léopold, plein d'apaisement, sentait s'épanouir en lui aussi la douceur quotidienne de renaître; et il dit la prière du matin.

Il sortit; il fit sa promenade accoutumée, à travers la plaine, s'assit dans le cour d'une ferme, caressa les cheveux d'une fillette qui lui tendait une tasse de lait, s'en retourna; quelquefois il s'arrêtait, souriant, l'oreille tendue, pour mieux écouter le tireli, là-haut, dans les nuées, des alouettes invisibles.

Puis il marcha très vite, ayant grand faim.

Il entra joyeusement dans la cuisine, bien lavée, étincelante de cuivres, où Mme Cardenac mettait elle-même le couvert sur une longue table sans nappe. « Bonjour maman! — As-tu bien dormi, paresseux? — Bon! je me suis levé avec le jour! » Mais il y avait là quelqu'un qu'il ne connaissait pas. La bonne femme lui présenta M. Roger Sourdeval, un voisin; sa maison, non, celle de son oncle, était en haut de la côte, après la châtaigneraie; les deux hommes se serrèrent la main. « A table! » dit Mme Cardenac. D'ordinaire, pour ce premier déjeuner, on n'attendait pas Stéphana qui prolongeait ses dévotions du matin. « A votre santé, maman! » Jamais Léopold n'avait été de meilleure humeur. Justement, il se souvenait d'avoir connu, en Afrique, au Sénégal, le colonel du régiment où Roger Sourdeval avait été sous-lieutenant après Saint-Cyr. De là des bavardages, avec des anecdotes; tandis que le joyeux soleil, par les trois fenêtres ouvertes, ruisselait dans la cuisine, allumant les cuivres, illuminant la table, prolongeant sur le bois blanc la rougeur vacillante des verres. Stéphana entra; elle s'assit et commença de manger silencieusement, après s'être signée.

Léopold cessa de parler.

Le front vers son assiette, il ne bougeait plus, dans une immobilité étrange, qu'on croyait voir remuer, faite d'une trépidation irrésistible, contenue.

— Qu'as-tu donc? tu souffres? demanda Mme Cardenac.

— Je n'ai rien, non, rien.

Elle se remit à causer avec Roger Sourdeval;

sans comprendre leurs paroles, il entendait leurs voix autour de sa tête comme un bruit bourdonnant.

Ce qu'il avait?

Il avait qu'il était infâme, définitivement, irrémissiblement! Nue, il l'avait vue nue, d'un seul coup d'œil, ici, pendant qu'elle s'asseyait, toute nue, la gorge droite, les cheveux éployés comme une tente noire! Sous ses habits, sur sa peau, un souvenir d'enlacement le tenait, l'étreignait, se resserrait, s'acharnait, ne voulait pas lâcher prise. Il n'osait lever le front, ayant sur ses cheveux et sur sa nuque, et le long de ses reins, la coulée ardente de deux démoniaques yeux; et s'il l'eût regardée encore, il lui aurait crié: « Viens-t'en ! » Il se cramponnait des ongles, sous la table, au bois dur. Il se leva.

— Où vas-tu ? s'écria Mme Cardenac.

— Je souffre un peu, en effet; ne vous inquiétez pas.

Il sortit.

Dès qu'il fut hors de la maison, sur la route, il se mit à courir, furieusement, comme une bête qu'on traque.

Fuir, oui! seule ressource offerte. Ne plus la voir, ne jamais plus la voir! unique moyen de salut. Car, désormais, il ne pouvait s'alléguer pour sa justification le cauchemar, les ténèbres, les mauvais conseils de la solitude. En plein jour, à cette table où des gens mangeaient et parlaient, il l'avait convoitée. Il l'aimait ! Cette chair qui était sa propre chair, où coulait un sang qui était son sang, cette femme qui lui ressemblait, — un air de famille, du moins, — il en avait envie, la voulait dans son lit, ou sur ce tas de foin, là, tout de suite, de l'autre côté du fossé. Prodigieuse flétrissure ! Il courait plus vite. Des campagnards, dans les champs, derrière les haies, le regardaient passer, le prenaient pour un fou. Un bruit de grelots l'avertit de la voiture qui se rendait à la gare de Nemours. Mais non, il arriverait plus vite en courant. Puis il usait un peu de sa rage en cette allure forcenée. Il serait loin, très loin, bientôt. Il lui semblait que la paix lui serait possible, là-bas, il ne savait où. Il était comme un homme aux vêtements en feu qui, dans un pays inconnu, espère un fleuve où s'éteindre. Il passa devant la petite église où avait prié son enfance, il descendit, entre les peupliers qui font un bruit de soie froissée, la route longue et grise, si joyeuse jadis. Il fuyait, à travers son passé, vers quel avenir ? et il lui semblait entendre derrière lui une rumeur grossissante comme si ses piétés d'enfant, ses gaietés d'écolier, tout son pur autrefois, l'avait poursuivi, avec des reproches et des malédictions, pareil aux Furies qui harcelèrent, moins justement acharnées, le frère d'Électre, le jeune homme innocent, qui ne fut que parricide !

III

Cardenac dit :
— Et depuis ?
— Depuis ? répéta Léopold.
Il tremblait, haletait. L'effort de proférer l'abominable aveu, de raconter, dans son détail, la genèse de son péché, l'avait rompu. Ç'avait été comme la douleur et l'horreur d'un malade qui, sur l'ordre du médecin, presserait une plaie honteuse pour en faire sortir, goutte à goutte, la sanie.

Pourtant, il achèverait.

— Depuis, j'ai vécu pareil à ces fous que hante

un spectre, jour et soir, à toute heure, et qui ne sont jamais seuls. Ils passent, vous leur parlez, ils répondent, il leur arrive de rire ! vous diriez, vraiment, que ce sont des hommes comme les autres, tranquilles, occupés de leurs affaires ou de leurs plaisirs ; vous ne savez pas que le spectre est là, devant eux, derrière eux, à leurs côtés, et qu'il leur parle bas à l'oreille, tandis qu'ils ont l'air de vous entendre. Voici dix mois que, songe ou veille, le mauvais désir ne m'a pas quitté. Ce que j'ai souffert en dix mois, dans le mépris de moi-même et dans l'affreuse envie hélas ! d'être plus méprisable encore, un damné qui l'accepterait en échange de mille ans de sa torture, se ferait tort ! Mon crime est un tel supplice que l'enfer, pour me châtier, n'en inventera pas de pire. Mais comprends donc ! ah ! comprends ! avoir en soi la haine du mal, et tant de piétés, et des pudeurs, presque, de vierge, — enfin tu te souviens de l'enfant que j'étais ! — et, justement, être contraint à la plus diabolique, à la plus vile des démences ! « Ah ! oui, lutter, triompher ? la volonté humaine est plus forte que les obsessions ? Tiens, je ris ! si je te disais de quels combats je suis sorti vaincu ! Sais-tu où je suis allé en quittant Castel-Lauterès ? tu vas te moquer, toi, cœur fort, esprit fort. Au cloître ! oui, j'ai demandé l'hospitalité à des moines ; j'ai revu, parmi les autres frocs, toujours souriant, toujours pur, doucement vieilli, le prêtre qui instruisit mon enfance, l'éducateur de mon âme, qu'il n'a pas reconnue ! Par les austérités, par les macérations, par la prière obstinée, par les signes de croix, je me délivrerais du démon : une nuit que j'étais couché sur la pierre froide, je l'ai sentie se mouvoir, sous moi, comme de la chair ! et je me suis enfui pour ne pas me damner si près de Dieu. Chez moi, à Paris, dans les travaux de naguère, dans ma vie recommencée, j'ai pensé retrouver l'indifférence. Pas de livre d'où n'ait surgi, entre les pages, avec des offres de sein et de flanc, l'adorée et abhorrée créature ! Alors, je me suis dit qu'un seul moyen de salut me restait : me damner d'une autre façon, moins hideuse. J'avais vécu trop réservé, trop chaste ; l'oisiveté de mes sens avait livré à la tentation une proie trop facile ; la fatigue m'eût sauvé du désir. Eh bien ! il était temps encore de vivre, de se divertir, d'être joyeux. Les gens qui se couchent sur des sophas, après souper, ne songent pas au lit de leur sœur. J'ai fait des folies, comme les autres, maladroitement d'abord, faute d'habitude, avec des ridicules de gentilhomme qui ne s'est jamais encanaillé. Un peu séminariste aussi. Bah ! on prend vite les belles manières ; et puis il y a cette ressource : boire coup sur coup, à la dérobée, pendant que les convives ne vous regardent pas, des verres de liqueur. Ça ne grise pas, ça soûle. Et j'ai eu Loulou. Une fille fameuse, avec beaucoup de chair qui sort du corsage, et tout l'argot sur les lèvres. J'ai baisé cet argot-là! il m'en est resté d'être très drôle, à souper, quand je suis ivre. Ah! nous sommes étonnants, Loulou et moi. Informe-toi! Les garçons des restaurants ne sont pas contents quand nous arrivons, le soir, seuls ou avec des filles, parce qu'ils savent très bien qu'ils en ont pour toute la nuit. A moins que la fantaisie ne me prenne d'aller dans quelque tripot où je sois sûr d'être volé. Être volé, les premières fois c'est amusant, cela fait passer une heure ou deux. Mais on s'habitue très vite à perdre. J'aime mieux rester avec Loulou, et avec ses camarades. Elles sont hideuses, défardées par le matin qui passe à travers les rideaux! Mais j'ai peur de la solitude, où je dors peu, où je rêve dès que je dors. Et je pars, tantôt avec celle-ci, tantôt avec celle-là, — Loulou, tu comprends, n'est pas jalouse, — et je n'ai jamais choisi, et cela m'est bien égal que ma maîtresse soit brune ou blonde, jeune ou vieille, jolie ou laide, puisque, à peine dans son lit, j'en sors épouvanté, hagard, — elles me croient fou, ces filles! — et tombe à genoux, et demande pardon à l'ange qui s'élève entre les rideaux, blanche comme un miracle, avec l'air d'un grand lys qui monte vers le ciel ! Car, c'est une chose extraordinaire : dans la paix religieuse du cloître, parmi la gravité du travail, Stéphana, — oh ! ce nom, mêlé à ces choses ! — Stéphana se montrait en appareil de tentatrice, dévêtue, pareille aux visions des ermites, ou pire, le corsage dégrafé, retroussant sa jupe, avec la ressemblance vile d'une créature qui vous fait signe ; mais, chez les filles, dans le débraillement des alcôves, je la vois telle qu'elle est en effet, chaste, grave, en habit sévère et clos, avec le mystérieux paradis de ses yeux, et, souvent, il me semble qu'elle se prosterne, comme dans la chapelle où nous priâmes ensemble le jour de la première rencontre, puis que nous nous promenons tous deux, sur la route déserte, elle me racontant ses extatiques rêveries. Elle est si pure que je me sens épuré ; sa sainteté me sanctifie ; je lui parle d'amour, puisque je l'aime, mais avec des mots qu'on pourrait dire dans une église ; je lui demande si nous ne serons pas bientôt mariés ; un peu penchée, elle sourit ; elle tire un anneau de son doigt et le met à mon doigt, et, pendant que Loulou, ou une autre, me crie : « Ah çà ! te couches-tu, « oui ou non ? » je suis le fiancé de ma sœur ! Et ceci est plus monstrueux peut-être que le crime entier. Pas même la simplicité dans le mal, la franchise de la concupiscence. Non, une perversité qui se raffine jusqu'à la candeur. Oh! celui-là est un démon que l'abîme complimente, et dont il est fier à juste titre, qui a inventé cette damnation incomparable : la chasteté dans l'inceste!

Il parlait comme en proie à un ivresse horrible. Il continua d'une voix plus basse :

— Tout est affreux, d'ailleurs, en moi. Irrémédiablement affreux. Et quelles angoisses! Une seule consolation possible.

— Laquelle?

— Ceci.

Il tira de sa poche une bonbonnière d'écaille, l'ouvrit; elle était à demi pleine d'une pâte épaisse d'où sortait une odeur mielleuse et poivrée.

— Ah! cria Cardenac, tu devais en être venu là, en effet! Oui, tu devais, fatalement, demander à la Drogue Verte la palpabilité de tes hallucinations; tu devais lui demander tes noces! Lâche, ce qui te restait de vouloir, [de conscience, t'importunait, et tu l'as énervé, endormi. Oh! tu as obtenu du poison, avoue-le, d'exécrables joies! C'est par la magie du dawamesk que, ce soir, dans ce théâtre, le mensonge des décors t'éblouissait comme une réalité splendide, et que tu t'incarnais glorieusement en ce comédien emphatique qui parlait et mimait ton crime!

La tête et les mains tremblantes :

— Oui, dit Léopold, oui, j'ai cédé, quelquefois. J'ai voulu, j'ai connu la réalité des songes. Mais si tu savais, — il s'était levé, hérissant des deux mains ses cheveux qui restèrent droits, — si tu savais quelle affres c'est que ces ivresses, et comme elles portent en elles leur châtiment, et combien d'enfer peut tenir dans un baiser! J'aurais maudit le haschich si je ne lui avais dû que ces torturantes délices, et j'aurais eu le courage d'y renoncer. Si je l'aime, hélas! que je l'aime, c'est à cause du morne accablement de ses lendemains, à cause de l'inertie sans désirs, sans tentations, sans remords, sans pensée, où je m'enfonce et demeure comme au fond du parfait oubli, où je ne souffre pas, où je ne pleure pas, puisque je suis un mort!

Retombé sur sa chaise, tout secoué de sanglots, des râles dans la gorge, Léopold pleurait, pleurait abondamment; et comme, en même temps que, des yeux, les pleurs, de la sueur lui sortait du cou, du front, des tempes, il avait l'air d'être tout couvert de larmes.

IV

Cependant Cardenac gardait son attitude de juge irrité. Certes, au fond de lui, quelle que fût son horreur pour le crime de Léopold, une pitié douloureuse s'émouvait, voulait qu'il ouvrit ses bras à l'ami coupable, paternellement chéri, et son cœur luttait avec sa conscience. Elle triomphait. Il ne montrerait pas sa partialité pour ce misérable; il s'obligeait à mépriser ces larmes. D'ailleurs, esprit très lucide même dans les troubles de l'épouvante et de la miséricorde, il concevait nettement que sa dureté servirait au salut de La Roquebrussane; celui-ci ne se résignerait que contraint à l'acte prompt qui seul pouvait lui rendre le repos de l'âme et la santé des sens. Cardenac était comme un chirurgien qui affecte des rudesses, au moment de l'amputation, pour terroriser les résistances du blessé. Il raisonnait bien. S'il se fût attendri, s'il avait laissé sortir, lui aussi, des larmes, Léopold aurait conclu, de cette douceur, à une absolution que, peut-être, conscient de ses tortures, il pensait mériter; et, alors, pour l'éloigner du sacrifice nécessaire, à cette innocence reconquise se fût joint, délivré de la peur du reproche, l'espèce d'affreux orgueil que devait lui suggérer l'anormalité de sa faute. Au contraire, sous le coup d'un anathème que lui rendait si redoutable sa vénération pour le réprobateur, affaibli par ses longues luttes, plus affaibli encore par l'effort que lui coûta l'aveu de son opprobre et de son impuissant repentir, pareil à un pénitent que consterne la juridiction acceptée du prêtre, pareil aussi à un possédé qui défaille, abandonné un instant, devant la menace de l'exorcisme, par le démoniaque conseiller, il ne pouvait opposer aucune rébellion à l'ordre qu'il craignait, et sa volonté serait une chose molle, aisément pétrissable, entre les mains violentes de Cardenac.

Cardenac dit :

— La tentation! bonne excuse. Les diables de saint Antoine, n'est-ce pas? Alors montre-moi la grotte où tu jeûnas vingt ans, avec des râles d'extase, tout nu, en te déchirant à l'écorce de deux troncs d'arbres liés en croix. Imbécillité! Non, hypocrisie. Ruse de faux dévot, qui bégaye, surpris en ignominie flagrante : « Eh! ce n'est pas ma faute! je suis hanté! » Avoue ton libre arbitre dans le mal, ton choix d'être horrible! L'homme est maître de soi. Je dis à mon désir : « Voici ce qui convient! » et il obéit. C'est une humble servante du devoir, que la volonté d'un honnête homme. Et tout révèle ton complot d'être infâme. Hier, tu mentais, à qui? à moi! masquant de haine la jalousie de ton amour, calomniant ta sœur pour t'innocenter, toi, frère incestueux! Et, aujourd'hui, — ah! ceci, je pense, ne s'est pas passé en songe, il faisait jour, des gens étaient là, il n'y a pas de démons à Paris au milieu des foules! — aujourd'hui, dans une abjecte comédie, où tu attendais ton entrée derrière le tournant d'un escalier, tu as souffleté ton rival!

— Oh! pardon! pardon! dit Léopold en tendant les bras.

— Non.

— Tu m'aimais!

— Je ne t'aime plus.

Il y eut un très long silence.

— Pourtant, reprit Cardenac (mais, maître de lui, il n'avait point de douceur dans la voix), mon amitié pourra t'être rendue.

— A quel prix?

— Redeviens-en digne.

— Je le veux! Qu'exiges-tu?

— Voici. Ne m'interromps pas. Voici. Tu feras des excuses, par une lettre, que je dicterai, à Sourdeval. Tu donneras, — on pourrait s'en passer! — ton consentement au mariage de ta sœur...

— Par pitié!

— Je n'ai pas fini. Puis tu partiras, dès demain, sans regarder derrière toi, sans t'informer de ce qui se passe; dans six mois, dans un an peut-être, j'irai te rejoindre; alors tu me suivras, n'importe où, très loin, dans des dangers; et je te souhaite d'y mourir.

— Mourir! tout de suite! ah! mourir! pourquoi ne m'as-tu pas tué? Je veux bien aussi m'humilier devant un homme, faire des excuses, être un lâche. Je consens à tout ce que tu ordonnes! Mais qu'elle ne l'épouse pas! Oh! non, que cette chose, elle à un autre, ne s'accomplisse pas! Tout, tout! mais cela, non.

— Eh! justement, malheureux, ce qu'il faut, c'est qu'elle devienne la femme de Sourdeval! bien qu'en vérité, dit Cardenac avec un rire d'insulte, ce soit un frêle obstacle que l'adultère à qui n'a pas craint l'inceste !

Léopold se détournait, anéanti.

— Eh bien ! m'entends-tu ? m'obéiras-tu ?

Léopold ne répondait pas ; il passait sa main sur son cœur, par l'instinct d'en écarter une griffe.

Cardenac répétait :

— M'obéiras-tu ?

Et il se dressait, terrible, étendant les deux bras de la malédiction sur la tête du misérable. Alors, le front tremblant, pareil à un homme qui attendrait l'éboulement inévitable d'une roche, tout l'être amolli dans la veulerie de la honte et de la peur :

— Oui, balbutia Léopold...

V

Il avait obéi. Il voyageait, hors de France, ici, là, de ville en ville, sans but, descendant à la dernière station des trains ou lorsque d'autres voyageurs descendaient en grand nombre, repartant quand le hasard d'un omnibus dans la cour de l'hôtel l'avertissait de se remettre en route. Écoutait-il qui lui parlait? apercevait-il ce qu'il regardait? oui, sans doute, grâce à cette faculté de dédoublement de soi-même, commune aux artistes créateurs et à certains désespérés ; ils se mêlent aux vivants et aux choses, observent, répondent, interrogent même, s'intéressent; mais rien de l'extériorité ne pénètre au fond d'eux-mêmes, rien de leur être intime ne va vers elle; leur pensée, ou leur angoisse, s'isole imperturbablement. Dans sa fatigue ou dans son dédain de vivre, un satrape de Séleucie avait toujours auprès de lui cinq femmes esclaves qui lui tenaient lieu de sens: l'une voyant, l'autre flairant, celle-ci goûtant, celle-là entendant, la cinquième touchant pour le maître; lui rêvait à l'écart, en sa fainéante mélancolie. Ils ressemblent à ce satrape, méditent ou souffrent, lointains, intacts. Léopold, avec les touristes, faisait les ascensions recommandées, visitait les cathédrales, contemplait, dans les musées, les toiles ou les marbres illustres: plus tard il ne lui resta de tant de choses vues, de tant d'êtres coudoyés, que l'impression trouble d'une durée indéfinie, sans jours ni nuits, également grise. Il continuait d'aller devant lui, avec d'autres; il n'avait pas plus le sentiment de la direction suivie, qu'une goutte d'eau d'un fleuve n'est consciente du courant. Puis, un jour, après plusieurs mois, fatigué, il fit halte.

Ce fut en Espagne, dans une petite ville du Guipuscoa, près de la mer.

A mi-chemin de la côte verte et pierreuse, une maison lui plut avec sa terrasse blanche; il la loua, la fit garnir de meubles, prit pour le servir une vieille pêcheuse basque qui savait quelques mots de français, s'installa, comme on s'assied avec plaisir après une longue course. Il avait écrit à M*me* Cardenac, — non pas à Cardenac lui-même, — le nom de la ville où il comptait séjourner longtemps; il se pouvait qu'on eût quelque chose à lui faire savoir. Quoi? à ce moment, il n'aurait pas encore su dire quelle nouvelle il espérait. Il s'habitua très vite à la solitude dans l'exil. Le jour, il marchait le long de la grève pâle et molle de sable fin, s'arrêtait à considérer les femmes de pêcheurs, avec leurs coiffes rouges, qui reprisent à genoux les mailles des filets étendus, à regarder la côte de France, là-bas, où un phare érigeait sa cime de verre frémissante et blanchissante avec des éclairs de soleil; et le soir, assis sur la terrasse, il contemplait le balancement bleu de la mer où ne remuaient pas les étoiles.

Le calme s'était donc fait en lui? Oui, un calme sinistre. Réprimés par la volonté dominatrice de Cardenac, ses désirs convulsifs, ses remords, ses angoisses, s'immobilisaient en une désolation paisible, comme un tremblement de terre avec des soulèvements de croûtes volcaniques et des jets furieux de laves, garderait, tout à coup maîtrisé, la forme du bouleversement. Son repos intérieur, c'était du désespoir pétrifié. Sa rêverie planait sur ce désastre, ainsi que l'ange mélancolique d'une ruine.

Mais, dans cette morne consternation, une douceur lui vint. Presque une espérance. Une espérance, lui? oh! si chétive, si incertaine d'abord. Plutôt le vague pressentiment d'un espoir possible.

Était-il donc si certain que Stéphana aimât Roger Sourdeval? elle voulait quitter le couvent, soit, ce devait être vrai, puisque Cardenac l'affirmait; mais enfin ce n'était pas un motif suffisant pour croire qu'elle fût éprise de ce jeune homme, si différent, semblait-il, avec sa bonhomie un peu grossière, de celui qu'il eût fallu être pour la mériter, elle, fière et exquise. Un ralentissement de sa foi, ou quelque scrupule, la peur de n'être pas digne du célestes hymen, — humilité d'un lys qui ne se croirait pas assez blanc, — beaucoup d'autres raisons pouvaient expliquer sa détermination nouvelle. Savait-on si la vocation ne lui était pas venue d'être, dans le monde, un exemple d'innocence et de prière? Peut-être songeait-elle à porter la parole divine, très loin, dans les dangers, du côté du martyre? Il se souvenait que lui-même, enfant, pur alors comme elle, avait formé ce rêve. En vérité, non, rien ne prouvait qu'elle eût choisi Roger Sourdeval, et, sans doute, ce mariage, qui n'avait pas eu lieu encore, — oh! sûrement, il n'avait pas eu lieu! —

ne se conclurait jamais. Elle devait avoir dit déjà, ou dirait bientôt : « Non, je ne veux pas. » Était-ce mal de souhaiter qu'elle n'eût point d'époux ? ce n'eût été mal que si elle avait aimé quelqu'un. Et elle n'aimait personne.

De jour en jour, lentement, la chétive espérance s'était renforcée ; elle se fit croyance peu à peu, conviction, certitude. Il était, dans la rêverie, un de ces esprits sans vigueur, à qui l'importunité du pire conseille de le nier, enclins à admettre ce qui leur est propice, aisément persuadés de leurs désirs. Maintenant il *savait* que Stéphana ne serait point mariée à Sourdeval. Certes, il ne la reverrait jamais ! inébranlable en sa résolution de résistance, de vertu, d'exil. Mais, du moins, elle vivrait seule, loin des souillures possibles, ineffablement blanche, pareille, — il l'avait vue ainsi, tout d'abord, — à un grand ange en prière ; et cette foi le consolait, oignait ses brûlantes cicatrices comme d'une huile douce.

Une fois, la nuit montant, il s'arrêta, avant de regagner sa maison, dans une posada au bas de la côte : auberge, café aussi ; le patron de cette hôtellerie suspectée des gens de la douane, était un ancien contrebandier d'Hendaye qui, à présent, accueillait volontiers les contrebandiers espagnols ; la grande salle basse, le soir, sous quatre lampes fumeuses balancées du plafond, avec ses attablements de gens hardis aux faces brunes, Aragonais et Catalans drapés de manteaux de laine que soulevaient des rondeurs de crosses, offrait un spectacle pittoresque auquel Léopold avait prêté parfois une attention nonchalante ; il entra, dans le nuage léger des fumées de cigarettes, s'assit en un coin, près de la haute cheminée ; il y avait un journal français sur la table, devant lui ; un « écho » annonçait pour le surlendemain le mariage de M. Roger Sourdeval, le peintre bien connu, avec Mlle Stéphana de La Roquebrussane.

Le cri qu'il poussa ne fut pas entendu dans le vacarme de l'hôtellerie ! se dressant, coudoyant, fuyant, il arriva dans la rue déserte, les poings aux dents, les dents dans ses phalanges ; et, l'œil farouche, il regardait devant lui, comme dans un trou noir, qui lui donnait le vertige, tout un effondrement. Réalité. Chose certaine. Elle à un autre ! l'irrémédiable. Eh bien ! sous l'ordre de Cardenac, n'avait-il pas accepté cette fin des choses ? oui.... sans doute.... non ! il l'avait considérée, alors, comme un événement lointain, douteux, qui peut-être ne s'accomplira pas ; et, depuis, la persuasion lui était venue que Stéphana n'aimait pas Sourdeval, que le mariage n'aurait pas lieu. D'ailleurs, n'importe, s'il avait consenti, il ne consentait plus ! Il ne voulait pas qu'elle fût la femme de cet homme, ni d'aucun homme ! Infamie ? abjection ? soit, abjection, infamie, il ne voulait pas ! et il saurait bien empêcher les cruelles épousailles. Pas de droit ? il riait. Il y avait une loi plus forte que la loi, sa volonté. On verrait, il partirait pour Paris, il renouvellerait l'outrage sur la face du fiancé en habit de noces ! Il se figurait l'épouvante des conviés, les sévérités de Cardenac ; tant pis ! la douleur de Stéphana, ses larmes ; tant mieux ! il était juste qu'elle souffrît, qu'elle pleurât, puisqu'elle aimait Sourdeval. Mais pas une minute à perdre. Partir tout de suite. Ah ! ce soir même. Une voiture le conduirait à Saint-Sébastien où il prendrait le train pour Paris. Certainement il y aurait un train pour Paris, dans la matinée. Chance heureuse : il sentait dans sa poche son portefeuille, avec des billets de banque. Il se mit à marcher très vite, en quête d'un loueur de voitures. Il s'arrêta ! la gorge serrée comme par un étranglement. Il n'avait pas pensé à ceci : « après-demain, » disait le journal ; mais, pour que feuille parisienne, une feuille du soir, arrivât dans cette ville d'Espagne, il avait fallu, — il comptait sur ses doigts, — une nuit, puis tout un jour ; et elle n'avait pu être distribuée que le matin suivant. Ils étaient mariés ! C'était fini, mariés, eux !

Eux! ils tenaient, l'un et l'autre, dans ce seul mot, comme dans un lit!

Il chancela, les bras battant l'air, dans l'ombre, car la nuit était venue, — il râlait d'horreur, — cette nuit, qui était leur nuit de noces! Il se figurait la chambre, l'alcôve. C'était l'heure. Stéphana entrait, conduite par Mme Cardenac. Qu'elle était belle, d'être toute blanche, avec les bras nus. Sourdeval venait à son tour; ils étaient seuls. Il s'approchait d'elle avec un sourire qui veut des baisers. Oh! une bouche sur cette bouche! il les regardait, dans sa rage visionnaire, lui, Léopold, si loin, si affreusement près. Oh! que cette chose, les lèvres de Stéphana, baisées, fût possible, et qu'il ne fût pas, lui, celui qui les baisait, et qu'un autre les baisât, ces chaudes lèvres rouges, c'était l'au-delà de l'enfer. Dire qu'il ne pouvait pas se précipiter entre eux, tendre les mains, écarter d'un déchirement d'ongles, leurs bouches! La distance, cet imbécile obstacle, fait de rien, s'étendait entre sa fureur et leur joie. Il se serait rué droit devant lui, plus effréné qu'une bête enragée; il aurait couru, bondi, couru encore, avec le stupide instinct de crier à leurs caresses: « attendez! » il se serait jeté dans un navire ou dans un wagon; il aurait offert sa fortune pour une minute gagnée; qu'il n'aurait pu empêcher de s'accomplir cette définitive perpétration, leur baiser. Même emporté à travers les airs par l'aérostat que rêve la chimérique science, il ne fût arrivé que pour voir le sourire de leur premier réveil conjugal. Il était ici, dans cette rue, en Espagne. Eux, ils étaient près de leur lit, là-bas. Et voici qu'en l'érotisme impitoyable de sa jalousie, ne s'épargnant aucune angoisse, s'acharnant à l'étirement de son désespoir, il assistait aux étoffes qui tombent, à la chair qu'on voit, fuyante, au refus de la gorge sous les bras croisés, aux prières qui ne veulent pas être obéies, au recul suppliant vers la couche, au renversement de la vierge, les jambes nues, sous la pudeur de tous les cheveux tombants, et qu'il entendait, dans un déchirement de son cœur, le cri, le cri nuptial!

Il longeait les murs, montait la côte, avec les titubements d'un ivrogne; il ne savait où il allait, il se trouva devant la porte de sa maison; la vieille servante, en son mauvais français, prononça je ne sais quelles paroles, qu'il n'entendit point; il la repoussa, entra, se laissa tomber sur une chaise.

Il se redressa très vite.

Une femme se tenait au milieu du salon, en manteau, le chapeau sur la tête, accoudée à la table, le front vers un livre, dans l'attitude de quelqu'un qui vient d'arriver, et qui attend.

Elle leva la tête.

Stéphana !

Il recula d'un bond si violent, que son crâne sonna contre le mur; et il la regardait, béant. Puis, d'un coup d'œil circulaire, il eut l'air de chercher une autre présence.

Comprit-elle ce regard? Elle dit avec sa voix grave et douce :

— Non, Léopold, je suis seule, et je ne suis pas mariée.

Et elle lui raconta lentement, avec simplicité, ce qui s'était passé depuis qu'il avait quitté la France.

Rentrée au couvent peu de temps après le jour où il était si brusquement parti de Castel-Lauterès, elle n'avait pas tardé à se sentir dissuadée de sa vocation religieuse, — elle ne s'expliquait pas sur la cause de ce changement, — avait exigé la liberté, l'avait obtenue. Mais Mme Cardenac, et Cardenac lui-même, s'imaginèrent de la marier avec M. Roger Sourdeval. Elle n'aimait pas ce jeune homme. Pourtant, à cause de leurs insistances, elle n'osa point dire non, brutalement. Elle attendait le retour de Léopold, se confierait à lui, lui demanderait de la sauver d'une union détestée. Il ne revenait point. Des semaines, des mois se passèrent. Le jour fixé pour le mariage approchait, l'effrayant. Il était si proche qu'il était presque arrivé. Alors, pleine d'épouvante, — connaissant par une indiscrétion de Mme Cardenac le nom de la ville où Léopold habitait, — elle s'était enfuie, était venue le rejoindre. A qui aurait-elle demandé protection, asile, sinon à lui? Et désormais elle ne le quitterait plus, s'il voulait bien l'accueillir, la garder.

En parlant ainsi, sans émotion, très paisiblement, elle avait dans les yeux encore l'ardeur profonde de naguère, étrange, puisqu'elle n'était plus sacrée.

Mais lui, il entendait à peine, n'écoutant pas. Dans la stupeur de son ahurissement, il comprenait seulement ceci : qu'elle était là, vivante, si belle, elle, ses yeux, ses cheveux, ses lèvres, toute sa chair que l'autre n'avait pas eue, et il ne savait plus qu'elle était sa sœur, et il savait qu'il était seul, la nuit, dans sa maison, avec cette femme, qu'il aimait!

VI

— Loulou, dit la Marchisio, sais-tu où est la longue-vue?

Loulou Antoine ne répondit point, couchée, Paul entre ses bras, dans le hamac balancé au roulis doux du navire; et ils s'ensommeillaient voluptueusement, les lèvres jointes, amollis par la tiédeur de l'air, sous l'innombrable scintillement du soir.

Il fallait que la Marchisio fut bien préoccupée pour ne pas s'extasier à la vue de ses deux enfants enlacés la bouche à la bouche; d'ordinaire, les voir s'aimer, dans leur impudeur débraillée, qui ne s'inquiétait pas des gens, faisait fondre en délices sa maternité de vieille entremetteuse. Mais le souci de cette longue-vue la tenait. Où pouvait-on l'avoir mise? Elle était pourtant assez grosse pour sauter aux yeux. Quelqu'un l'avait-il emportée dans une cabine? non; pourquoi faire? La Marchisio allait, venait, avec son tâtillonage de singe qui s'effare, de l'arrière à l'avant, de tribord à bâbord, suivant, devançant son ombre allongée ou raccourcie sur le pont blanc de lune. Elle furetait autour du mât, parmi les paquets de cordages, sous le banc de quart. Rien. Elle cherchait toujours avec des mots de dépit entre les dents. « A côté du gouvernail, bête! cria Loulou impatientée. — Il fallait donc le dire! » La Marchisio empoigna l'énorme lunette, la souleva péniblement, l'appuya au rebord de la batayole, la dressa vers le ciel, s'agenouilla, colla son œil gauche au verre fermant l'œil droit; et elle regardait les astres avec une passion d'astronome. Autour d'elle c'était le grand silence murmurant de l'eau immense dans la nuit, parfois rompu d'une flaquée de lame sur le bordage, ou d'une voix qui montait de l'entrepont, disant: « Messieurs, faites votre jeu, rien ne va plus; » puis le heurt sec et net de la boule d'ivoire dans la case de cuivre. Le navire, érigeant son mât sans voile, se mouvait imperceptiblement avec un abandon d'épave entre le ciel et la mer étoilés.

Car une aventure décisive s'était passée la veille du jour où la Marchisio, avec les quatre mille francs de Loulou, en or, dans une vieille boîte à gants, devait partir pour Monte-Carlo.

— Ferai-je fortune? avait-elle demandé à la table parlante du docteur Jaïcza-Cabardès.

— Oui.
— Parbleu!
— Sur mer.
— Sur mer?
— Oui.
— A Monte-Carlo?
— Non.
— Si fait. Près de la Méditerranée.
— Non.
— Où donc?
— Sur mer!

Cette réponse, sans autre explication, plongea la Marchisio dans la plus troublante perplexité. Sur mer! Devait-elle s'embarquer? tenter quelque commerce maritime? L'idée d'un bateau pirate, puis d'un vaisseau négrier, lui traversa l'esprit. La traite des nègres? pourquoi pas? Elle se souvenait d'un capitaine au long cours, rencontré à Lisbonne, qui, à vendre des noirs, avait gagné de quoi acheter des blanches.

— Qu'est-ce que tu en penses? demanda-t-elle à Paul.

— Que la table s'est moquée de toi.

Elle aurait giflé son fils, bonne mère pourtant, si Loulou n'avait pas été là; pour rien au monde, elle n'aurait voulu donner à sa bru l'exemple d'un tel manque de respect. Chose admirable : la Marchisio avait connu à Londres, à Pétersbourg, à Berlin, des somnambules médiocrement lucides, à qui elle fournissait, — on partagerait les bénéfices, — des renseignements sur les personnes qui venaient les consulter; elle avait été l'associée, à Vienne, d'un spirite vendeur de photographies de défunts, et c'était elle qui, sous un long voile, changeant de perruque selon les âges, les sexes, les probabilités de ressemblance, posait dans l'atelier de résurrection; cent fois, aux soirées du docteur Jaïcza-Cabardès, elle avait soulevé les meubles au moyen d'un crochet invisible sous les dentelles de sa manche; — même, elle excellait à imiter, par un craquement dans le genou, le bruit des esprits frappeurs, — n'importe, elle croyait, avec un enthousiasme d'italienne, à la clairvoyance des magnétisées, aux revenants visibles et tangibles, aux tables qui s'agitent et parlent; et, la nuit, elle s'é-

veillait pour faire tourner son guéridon. De sorte
qu'elle n'aurait su quel parti prendre si le docteur
Jaïcza-Cabardès, — très imposant, des yeux de
charbon sous des sourcils terribles, volontiers exta-
tique, ventriloque d'ailleurs, et poussant la vrai-
semblance du médianisme jusqu'à faire parler le
patois de Béziers à des Incas évoqués, — ne lui
avait confié sous le sceau du secret, après s'être
assuré que personne n'écoutait derrière la porte,
qu'un de ses amis tenait une maison de jeu, roulette et trente-et-quarante, en pleine mer !

— Non ? Vrai ?

— Rien de plus vrai !

Elle pouvait s'informer. Beaucoup de gens sa-
vaient cela ; on n'en parlait guère pour ne pas
donner l'éveil à la police. Cet ami, autrefois, du
temps des combats entre les troupes de la reine
Isabelle et les guérillas de don Carlos, avait établi
sa banque à Fontarabie, — on voyait encore le
casino, blanc, carré, au bas de la rue qui monte
avec des blasons à toutes les portes ; il payait
alors une redevance au gouvernement régulier,
il en payait une autre au gouvernement insurrec-
tionnel ; et, de France, d'Italie, d'Angleterre, de
partout, des gens venaient jouer entre les champs
de bataille, pendant les fusillades. Pif ! Paf ! Rouge !
Noire ! c'était amusant. Mais, tantôt de droite, tan-

tôt de gauche, en dépit des conventions et des redevances, des hommes de guerre se précipitaient, enclins à saisir les enjeux des pontes et la mise de la banque : pas moyen de faire des bénéfices dans ces conditions-là. La roulette et le trente-et-quarante avaient été transportés à Bossotz. Mais les contrebandiers ne se montrèrent pas moins rapaces que les chefs des régiments réguliers ou irréguliers. Alors on joua dans la montagne pyrénéenne, n'importe où, entre deux roches; les croupiers apportaient leurs tables, suivis par des touristes qui apportaient leur argent! Et, quand il survenait une tourmente, la partie s'achevait dans un précipice. « Tant qu'enfin mon ami a eu l'idée d'installer les jeux en mer, sur un navire, entre Biarritz et Saint-Sébastien! Chaque jour les joueurs viennent en barque, de France et d'Espagne; quelques-uns même logent à bord; et si les bateaux douaniers, qui rôdent le long des côtes, s'approchent de trop près, on en est quitte pour mettre à la voile ou pour chauffer à toute vapeur. Tel qui a mis un louis à cheval sur le huit et le onze, en vue de Saint-Sébastien, a fait sauter la banque quand on arrive dans les eaux de Saint-Jean-de-Luz. » La Marchisio se jeta au cou du docteur! Et, dès le lendemain, elle partit avec Paul et Loulou Antoine, que la disparition de M. de La

Roquebrussane avait laissée veuve, pas tout à fait.

Grâce à des indications précises, — Jaïcza-Cabardès ne les lui avait pas refusées, — elle put arriver à bord du bateau-roulette.

Une très belle partie! la table verte, d'ordinaire, était installée dans la cale; quelquefois, par les beaux temps, sur le pont, sous une tente. Beaucoup de louis et de billets de banque. Des pontes très bien : rastaquouères, vieilles cocottes, caissiers inquiets de leur fin de mois, professeurs de jeu; enfin, comme partout. Un seul inconvénient : la tempête. Quand un coup de vent avait bousculé le navire, c'était le diable pour retrouver sa mise sous un tas de mains ouvertes et vite refermées.

La Marchisio loua tout de suite deux couchettes, l'une pour elle, l'autre pour Paul et Loulou, dans la même cabine, pas plus grande qu'un colombier; de cette façon, elle les entendrait roucouler toutes les nuits, le pigeon et la pigeonne. Mais elle eut peu de chance, même quand il ne ventait pas : le hasard reproduisit, l'un après l'autre, avec une précision extraordinaire, toutes les figures du petit sac!
« Diable! diable! dit Loulou. — Donne-moi tes boucles d'oreille, » riposta la Marchisio. Il y avait un croupier, brave homme, qui prêtait sur les bijoux, et ne prenait pas plus d'intérêts qu'un usurier de terre ferme. Après les boucles d'oreilles, les bagues,

les bracelets, les colliers. « Tu sais, j'ai encore ma robe. Prends-la. Seulement, ça fâchera Paul, parce qu'il est jaloux. » Et bientôt, sans le sou, ils furent vus d'assez mauvais œil par le directeur de la banque. On parlait de les ramener à terre; on aurait retenu ce qui leur restait de hardes, en garantie de la location de la cabine, échue. Mais Loulou Antoine eut une idée : donner des concerts. Ceci flatta le patron; avoir un casino à bord, c'était plus qu'il n'avait osé espérer. Ils furent de la maison, — du navire. Logement, nourriture, tout ce qu'ils voulaient. Même, on ne refusait pas une pièce de cent sous à la Marchisio, si elle promettait de la jouer; elle la jouait, la perdait, tout allait bien. Autre ressource : sur le conseil de la vieille, Loulou recevait des visites, dans la cabine, tandis que Paul, innocent, fumait sa cigarette sur le pont. Enfin, on se serait tiré d'affaire; on aurait peut-être amassé de quoi prendre le train pour Paris; mais la Marchisio, dès qu'on avait quelques louis, les jetait sur le tapis vert. Elle s'était avisée d'un système qui lui réussissait aussi bien que le premier. Elle prenait la longue-vue, sur le pont, destinée au divertissement des pontes curieux, entre deux tailles, des phénomènes célestes; observait le ciel : si, dans le champ de la lunette, des étoiles apparaissaient en nombre pair, elle jouait sur la Noire ; sur la Rouge, dans l'autre cas. Astrologie appliquée à la Roulette. Généralement les astres donnaient de mauvais conseils. Mais, en somme, Loulou et Paul ne se plaignaient pas de la vie qui leur était faite depuis quatre mois, entre ciel et mer, à cause de la cabine si étroite qu'ils ne pouvaient s'y coucher sans s'embrasser, et du hamac où c'était tendre de se bercer le soir, elle, le corsage ouvert, la gorge rafraîchie d'air salin, lui, la tête dans cette fraîcheur.

— Porco-Dio! s'écria la Marchisio.
— Eh bien! quoi? dit Paul en levant la tête d'entre les cheveux de Loulou.

Car il savait que sa mère, parlant le français avec tous les accents mêlés de tous ses voyages, ne lâchait de ces bas jurons italiens que dans les circonstances extrêmes, lorsqu'une violente secousse lui faisait remonter aux lèvres la vilenie obscure de son origine, comme la vase d'une eau.

— Paul! toi aussi, Loulou! Mais venez donc! Vous vous becquetterez demain.

Il était arrivé une chose extraordinaire, folle, inconcevable. La longue-vue, ayant glissé sur le bois de la batayole et s'étant braquée, d'elle-même, du côté de l'Espagne, vers la côte assez proche, la

Marchisio avait aperçu, dans la nuit claire, sur la terrasse d'une maison...

— Mais, non, vous ne me croiriez pas, regardez!

Pesant d'une main sur le bas bout de la lunette, elle céda la place à son fils, tandis que Loulou, descendue du hamac, les rejoignait, un peu lourde, mal rhabillée, retenant des deux mains son corsage et sa gorge.

— Tiens! mon oncle! dit Paul à genoux, l'œil au verre.

— Ton oncle! oui!

— Mais il n'est pas seul?

— Eh! non, il n'est pas seul.

— Est-ce que tu connais cette femme qui est à côté de lui? Sapristi! une belle fille!

Loulou voulut voir à son tour, pas trop surprise.

— Comment? Léopold? Où ça? dans les nuages?

Pour Loulou Antoine, le ciel, même sans une brume, c'étaient toujours les nuages; une façon d'exprimer que, de ce côté-là, il y a quelque chose d'obscur et de vain, dont les gens sérieux n'ont pas à s'inquiéter.

— M. de La Roquebrussane, rectifia Paul, sévèrement.

Il n'aimait pas que sa maîtresse parlât de Léopold avec la familiarité du petit nom. Il avait de ses délicatesses. A Paris, quand il était forcé d'emprunter de l'argent à son oncle, il choisissait toujours pour ces démarches les matins où il était sûr de ne pas rencontrer Loulou dans l'escalier; Loulou était très flattée de cette espèce de jalousie, l'en estimait davantage, avec un redoublement de tendresse. « Faut-il qu'il m'aime ! » Ce peu de pudeur dans l'infamie lui apparaissait aussi comme une vertu tout à fait méritoire, extraordinaire, qui l'humiliait presque, elle, parce qu'elle n'en aurait pas été capable.

Mais la Marchisio ne tenait pas en place.

— Oui, oui, Léopold, avec Stéphana, avec sa sœur. Ils doivent habiter là. Ils se promènent sur la terrasse de leur maison. Je la connais bien, peut-être, cette petite ! puisque j'allais la voir, à Nemours, l'autre année encore, une fois par mois. Ensuite, un ordre a été donné : on n'a plus voulu me laisser entrer au parloir. Elle ressemble à sa mère ! c'est étonnant. Plus belle peut-être. Ah ! si j'avais une fille comme elle. Mais elle est donc sortie du couvent ? Elle est donc venue rejoindre son frère ? Voilà ce que c'est que de quitter Paris ; plus de nouvelles ; il se passe des choses dont on n'a aucune idée. Ah ! c'est égal, nous voilà bien ; nous pouvons dire que c'est une jolie tuile qui nous tombe sur la tête.

— Bon ! dit Paul, qu'est-ce que ça peut nous

faire que M. de La Roquebrussane ait sa sœur auprès de lui?

Dans une brusque volte-face, la Marchisio flanqua une gifle à Loulou, dont la grosse joue sonna très mollement. Même dans l'extrême colère, la vieille femme, on le sait, n'aurait pas battu son fils; non, jamais; mais un soufflet à Loulou Antoine, dans ses emportements, la soulageait un peu; pas de mauvais exemple; et elle se sentait calmée.

Tandis que Loulou, pas étonnée, habituée, qui avait tiré de sa poche une pomme à poudre de riz, — ça devait être rouge, pour sûr ! — se passait la houppe sur la joue :

— Ah çà, maman! s'écria Paul, tu es folle, dis!

— Tu es un imbécile, toi! répliqua la Marchisio. Tu ne comprends donc rien ! Stéphana, réconciliée avec son frère, va se marier, avoir des enfants; Léopold, chéri, choyé, circonvenu par toute une famille qui lui dira des mamours, le mettra dans du coton et fera le polichinelle sur ses genoux, ne manquera pas de tester en faveur de ses neveux ou de ses nièces, et si Loulou ne compte que sur l'héritage de ton oncle pour s'acheter un hôtel, n, i, ni, c'est fini, loge en meublé, ma fille!

Paul éclata de rire.

— Mais je ne suis pas parent de Léopold, moi!

— Quoi? qu'est-ce que tu dis? Pas son parent?

Qui est son parent, alors? Est-ce que Giselle n'était pas ma sœur? à peu près, ça ne fait rien, enfin on le disait, tout le monde. Elle n'a pas épousé le général de La Roquebrussane, peut-être? Et tu n'es pas mon fils? C'est ça, dis tout de suite que tu n'es pas mon fils, ou que tu rougis de ta mère, qui a fait ton éducation, elle-même. Puis, parent ou non, tu étais là, près de lui, souvent.

— Oui, je lui demandais cinq louis toutes les semaines.

— Justement! te prêter de l'argent, ça le préparait, ça l'engageait. Il t'aurait légué sa fortune, par habitude.

— Mais, sacrebleu, il se porte comme un charme!

— Tu me fais pitié. Tu crois donc que je ne me suis pas informée? que je ne lui ai pas envoyé des médecins, des amis à moi? Tiens, le docteur Jaïcza-Cabardès, par exemple, est allé lui rendre visite, sans avoir l'air de rien, sous un prétexte.

— Sous le prétexte de lui emprunter de l'argent, comme moi.

— C'était le plus vraisemblable! Eh bien! unanimité des médecins: pas cinq ans à vivre. Les fièvres d'Afrique, ça ne pardonne pas. Démens ta mère, jure que tu connais des explorateurs, revenus d'Afrique, qui ont fait de vieux os. Pas un! Enfin, tout était bien arrangé, tout allait aussi bien que possible. Nous aurions été riches. Tu serais entré dans la diplomatie, où j'ai des connaissances. C'était un avenir. Moi, j'aurais logé avec Loulou, dans un hôtel du quartier Monceau, entre cour et jardin, mon rêve ! Mais il faut que cette pimbêche sorte du couvent, et la fortune du fils m'échappe comme m'a échappé celle du père. Voilà une famille avec qui je n'ai pas de chance ! Ce n'est pas faute de m'être donné de la peine, pourtant.

Paul, après un haussement d'épaule, regagna le hamac où Loulou Antoine était déjà recouchée, défaite, lourde, doucement bâillante, dans la tiédeur de l'air.

— Oui, tout est bien perdu, disait la Marchisio, furieuse, entre ses dents.

Mais elle s'écria en frappant des mains :

— Non ! non ! non ! oh ! la bonne idée ! Comment n'ai-je pas pensé à cela, tout de suite ! Mais, j'y pense, il suffit.

— Quelle idée ? demanda Paul.

— Rien ! rien ! ça ne te regarde pas.

Elle se dirigea très vite vers l'escalier de l'entrepont.

— Où vas-tu ?

— Je vais jouer. Bonsoir.

La main à la rampe de cuivre, elle disparut dans l'étroite ouverture, d'où montaient des bruits de

pièces remuées et la voix d'un croupier : « Messieurs, faites votre jeu. Le jeu est fait. Rien ne vas plus. »
Paul se penchait vers Loulou, béante.

— Un peu toquée, maman, dit-il.
— Bah! elle fera peut-être sauter la banque. Jouons, nous aussi, veux-tu?
— Oui.
— Eh bien! dis, Rouge ou Noire?
— Rouge.
— Tu as gagné!

Elle lui mettait aux lèvres la rougeur dressée de son énorme sein.

— Et si j'avais dit : Noire!
— Bête! tu aurais gagné tout de même! dit Loulou Antoine qui ne se teignait que les cheveux.

Ils s'embrassaient en riant. Une grande pureté pâle, lumineuse de lune et d'étoiles, se vaporisait entre le ciel et la mer. Le bruit des baisers gras troublait les mystérieux silences de la nuit et de l'onde, offensés.

VII

En face de Stéphana brusquement apparue, Léopold s'était maîtrisé. Le mauvais désir qui s'exaspérait en lui, y demeurerait enfermé, toujours ignoré d'elle. Ce serait comme un incendie dans une tour de bronze sans fenêtres ni portes : pas de flamme visible. Il se contraignit, par une prodigieuse tension de nerfs, au calme, presque au sourire. Il fut, en regardant sa sœur, en l'écoutant, en lui parlant, le frère qu'il aurait dû être. Faible, il tira, de son horreur du crime, la vigueur d'être un héros. Il répondit sans trouble :

elle était la bienvenue; il la remerciait de la confiance qu'elle avait eue en lui; elle avait bien fait de ne pas accepter pour mari un homme qu'elle n'aimait point, — il ne permit même pas, pendant cette parole, une joie à son regard! — et Mme Cardenac n'aurait pas dû montrer tant d'insistance; sans doute, cette évasion, cette brusque arrivée avaient quelque chose d'insolite, mais ils aviseraient à réparer ce qu'il y avait de fâcheux dans cette « petite escapade ». Il fut banal. C'était sublime. Une telle victoire sur soi, manifeste, — quand la bataille intime se renflammait à la proximité d'une autre victoire, possible, — cette extinction d'une recrudescence d'enfer, valait, par le martyre, le rachat de la damnation. Lorsque Stéphana, avec sa familiarité un peu sérieuse, voulut visiter la maison où elle espérait vivre désormais, monter sur cette terrasse qu'elle avait aperçue en venant et d'où le point de vue vers le lointain de la mer devait être admirable, il lui offrit le bras en lui demandant si elle n'était point fatiguée de son long voyage. Puis, la chambre de « mademoiselle » étant prête, la vieille servante attendant, un chandelier à la main, sur la première marche de l'escalier, il ne recula point quand Stéphana lui tendit le front, et il baisa le front de sa sœur, sans un tremblement.

Mais il ne coucherait pas dans cette maison! il ne serait pas le voisin de ce sommeil sans défense, et de cette robe tombée! et de ce corps dans un lit!

Il dit à la servante : « Je sors, ne m'attendez pas », descendit le chemin, demanda un logement dans l'hôtellerie au bas de la côte ; et, seul, dans cette chambre d'auberge, il s'étonna.

Qu'est-ce que la destinée lui voulait, enfin? qu'est-ce que c'était que cette persécution de la providence? Pas innocent, soit. Cardenac avait raison. On doit triompher des obsessions mauvaises. Mais avait-il admis, lui, Léopold, un seul instant, la possibilité de son désir réalisé? à qui avait-il nui par ses rares consentements à sa chimère, par les illusions du haschich, par l'acceptation de vivre, durant quelques heures, les passions d'un héros de théâtre? à lui seul. Oui, son complot contre Sourdeval, c'était mal; il l'avait expié par l'humiliation de la lettre écrite, des excuses offertes. Eh bien! alors, pourquoi cet acharnement de la fatalité, implacable comme une vengeance? pourquoi l'arrivée de Stéphana, tout à coup, dans la maison lointaine, ce soir? pourquoi la tentation renouvelée, offerte ainsi qu'un fruit mûr aux dents d'un affamé? Il se demandait s'il n'aurait pas quelque droit, vraiment, à considérer comme permis, l'effrayant bonheur où l'exhortait la volonté obscure du hasard.

L'inceste, en somme, n'était un crime qu'au point de vue social; universel, il serait fatal peut-être; exceptionnel, il demeurait sans effet dangereux. Pas même exemple, puisqu'il se cachait. D'ailleurs, il était, l'inceste, le second aïeul de la race humaine; commencée par le père et la mère créés de Dieu, elle s'était continuée, nécessairement, par l'hymen des frères et des sœurs. Et, depuis, l'inceste, tant de fois, s'était assis sur des trônes, couché dans des lits royaux. L'acclamation des peuples l'avait glorifié, la bénédiction des prêtres l'avait consacré, après que Dieu l'eut permis. Abel fut le mari de sa sœur; Cléopâtre fut la femme de son frère; nul ne s'épouvante, nul ne s'étonne. Ce qu'avaient osé des élus de Dieu, des maîtres de nations, Léopold n'aurait-il pas pu l'oser, lui? Lequel des hommes incestueux avait été troublé, ravi, vaincu, par une beauté égale à celle de Stéphana? Il l'avait revue, si impérieusement belle, si délicieusement désirable, qu'il était stupéfait de ne pas l'avoir saisie; il se demandait si sa continence n'était pas une espèce de lâcheté. Imbécile! elle était venue, et il avait fui! Il voulait la rejoindre, l'éveiller, l'étreindre, lui dire : « C'est moi! je t'aime! » Mais non, les nausées de sa conscience lui montaient à la gorge, mettaient du vomissement dans son espoir de baiser. L'inceste, toléré par les genèses, accepté par l'histoire, et que la destinée lui offrait, il le répudiait, et le fuyait, en sa vertu rebelle. Il avait, avec tout l'emportement, tout le recul. Plus il convoitait Stéphana, plus il la refusait. Il valait mieux que le consentement de Dieu et des hommes. Puis, il le savait bien, que les exemples des histoires et des bibles ne s'offraient à son esprit que par la ruse adroite du Mal. Excuses qu'insinuait la mauvaise pensée. Il savait que l'éternelle réprobation de l'humanité menace les couches incestueuses; et le Seigneur Dieu avait dit : « Tu ne découvriras point ce qui doit être caché en ta sœur de père ou en ta sœur de mère, née dans la maison ou hors de la maison. » Et le Seigneur Dieu avait dit encore : « Si un homme s'approche de sa sœur qui est fille de son père, ou de sa mère, et s'il voit en elle, ou si elle voit en lui ce qui doit être caché, ils ont commis un crime énorme, et ils seront tués devant le peuple et ils porteront leur iniquité! »

Le matin venu, sa résolution était prise.

Il quitterait la ville, si sa sœur persistait à y demeurer; jeune fille, elle ne pouvait rester seule; Mme Cardenac, avertie par un télégramme, viendrait la rejoindre : elle n'hésiterait pas à se mettre en route, bonne vieille, malgré la distance et les fatigues; et il s'en irait, lui, si loin, dans des pays si inconnus, qu'il n'aurait plus à craindre l'intrusion d'une nouvelle épreuve dans la paix de son remords. Oui, tout à l'heure, en quelques mots, il instruirait Stéphana de son projet de départ, en prétextant une nécessité imprévue; et il partirait, et tout serait fini, hormis son désespoir.

Arrivé devant sa maison, il sourit, irrésistiblement heureux, tant ce qu'il voyait était charmant et superbe.

VIII

Dans le jardin, dans la fraîcheur lumineuse de l'air traversé d'oiseaux et rayé d'abeilles, en un long vêtement blanc où vivait plus de lueurs que sur toutes les autres choses, Stéphana, svelte et hautaine comme une grande tige au milieu d'un parterre, se tenait debout, les mains pleines de fleurs; et quand, au bruit des pas, elle se tourna vers lui, elle eut, ramenant ses bras vers son cou, inclinée un peu, tout son beau visage dans des roses.

— Ah! dit-elle avec la caresse traînante de sa

voix doucement grave, comme vous vous êtes levé
matin! Déjà sorti? déjà de retour? Mais, voyez, je
vous attendais. Je suis prête, j'ai mis mon chapeau.
Vous ne refuserez pas de me montrer ce pays? Conduisez-moi très loin, plus loin encore, le long de la
mer. Ne vous inquiétez pas, je suis bonne marcheuse. Si nous avons faim, nous trouverons quelque auberge, et si je suis lasse, vous me laisserez
dormir sur le sable à l'ombre d'un rocher. Allons,
venez-vous, dites, Léopold?

Tandis que sa voix se prolongeait en une inflexion de défaillance, elle lui prit le bras, se penchant. Elle laissait voir, dans sa grâce encore fière,
des lenteurs, des paresses, une alarme, eût-on dit,
de vivre trop vite. La sûreté de la démarche, la
fixité presque violente du regard, toute la sereine
arrogance d'une âme qui sait où elle va, elle ne l'avait plus, sans doute parce que la foi, ce guide des
droits chemins, l'avait quittée, et comme si, d'avoir
été une sainte, il lui restait la peur d'être femme.
Mais, certainement, l'exaltation de naguère vivait
toujours en elle, détournée, pas amoindrie, prête à
des ardeurs égales sinon pareilles; et là, tout près
de lui, avec ses grands yeux ténébreux et clairs, et
lourds comme un ciel d'orage et d'étoiles, et la chaleur de sa pâleur, et sa rouge bouche ouverte, aux
gencives de sang, elle était si belle, qu'il pleura.

Hélas! si la cruauté du hasard, en les faisant naître trop proches, ne les avait pas désunis à jamais, elle aurait pu être à lui! elle, à lui! Mais, cette émotion, qu'il contint, cette larme vite essuyée, elle ne les vit pas. Non, elle n'avait pu les voir, occupée à respirer sa touffe de roses. Ce ne fut pas une joie furtive de triomphe qu'elle eut sous les paupières en le regardant à travers les fleurs.

Ils avaient descendu le chemin; ils suivaient, entre la montagne et la mer, l'une très haute, l'autre immense, la grève molle et blonde, sable et soleil, où mourait l'écume. Pourquoi lui aurait-il refusé le plaisir de cette promenade? il serait temps, tout à l'heure, de lui dire qu'il partait, que Mme Cardenac viendrait la rejoindre. Nul péril pour elle, ni pour lui, dans la pure clarté du jour où les tentations ne se hasardent point. Peu à peu, il avait fait glisser la main qu'elle lui avait mise au bras. Ils marchaient côte à côte, — comme naguère à Castel-Lauterès, dans la solitude du pays plat, — tout près, sans se toucher. Et ils parlaient de choses indifférentes, de ce qu'ils voyaient, bien qu'ils le regardassent à peine, du village qui apparaîtrait tout à coup, de l'autre côté de cette grande roche, là-bas, avec de petites maisons blanches s'escaladant l'une l'autre comme des moutons qui jouent sur la pente d'une colline. Un instinct, ou la crainte d'une réponse qui l'eût troublé, avertissait Léopold de ne pas demander à Stéphana ce qu'il eût voulu savoir, précisément : d'où étaient venus cette défaillance de la foi religieuse, ce renoncement au céleste hymen, qui avaient pu faire croire à un désir de noces mondaines. Il lui contait, en passant devant une maisonnette de pêcheurs, la vie de ces pauvres gens, ce qu'il leur faut de courage dans leur lutte de chaque jour contre le vent et le flot ; la mort presque certaine pour la vie à peine sûre. Il parlait beaucoup, afin de ne pas penser. Il se sentait presque paisible, heureux d'être auprès d'elle, sans effroi de la voir si près de lui. Quelquefois, dans ses rares silences, il concevait la possibilité de continuer cette vie, de ne pas quitter Stéphana ; mais il repoussait cette pensée, ruse obscure de son désir sournois qui feignait de dormir, toujours vivace. Du moins, il pouvait savourer, — puisqu'il était résolu au départ, — la douceur de l'heure présente, où il se croyait innocent. Ils déjeunèrent dans un cabaret de bourgade ; d'une fenêtre du premier étage on voyait toute la mer ; Stéphana s'amusa des femmes coiffées de rouge qui, en ce pays, sont batelières ; et c'était très bon, ce mauvais vin. Ils se remirent en route. La grève ensoleillée était si ardente qu'un instant Stéphana se plaignit, les pieds trop chauffés à travers sa chaussure.

Volontiers elle eût retiré ses bottines, ses bas. Il lui dit, avec un sourire, comme s'il avait parlé à une enfant : « Mais vous n'y songez pas ? le sable vous brûlerait la peau tout à fait. » L'idée qu'elle aurait les pieds nus, devant lui, — oh ! ses pieds nus ! — lui avait mis une braise aux yeux et aux lèvres. Il tremblait. Ils marchèrent plus vite. Elle faisait ce qu'il voulait. Depuis quelques heures, elle n'avait prononcé que peu de mots, l'écoutant, le regardant quand il ne la regardait pas. On eût dit qu'elle observait, qu'elle épiait. Que cherchait-elle à deviner ? que voulait-elle savoir ? Elle avait parfois, — surtout quand, au milieu d'un récit, ou de quelques vaines paroles, il s'interrompait, sa pensée lui échappant, — un sourire satisfait, comme si elle eût acquis une certitude espérée. Et, après cela, elle baissait le front, toujours muette. Mais elle aspirait l'air tiède de l'après-midi, par courtes bouffées, la poitrine battante.

Le jour allait s'achever, plus chaud à cause d'une brise orageuse qui passait sur la terre sèche, sur l'immobile mer, et pesait, lourde comme une vapeur sortant d'une cuve où fondrait du plomb.

Stéphana ne put cacher qu'elle était lasse enfin ; quelques instants de repos la remettraient en état de continuer la promenade, ou de revenir à la maison ; elle avait souvent de ces fatigues vers la fin des journées, même quand elle n'avait pas marché ; ce n'était rien. Elle s'assit, s'étendit sur la plage de sable où l'ombre d'une falaise la couvrit d'un crêpe noir ; et, souriante vers Léopold : « Si je m'endors, dit-elle de sa voix lente, vous me reveillerez, n'est-ce pas, quand il sera temps de partir ? » Et elle était là, couchée. Le tas énorme de ses cheveux bruns, derrière sa tête, la gênait, elle les défit ; ils coulèrent comme un ruissellement sombre le long d'elle ; puis, en se tournant de l'autre côté, elle les prit d'une seule main et s'en couvrit le visage ; comme on ramène le drap, pour s'endormir plus vite, dans plus d'obscurité.

Il la regardait, tranquille, puis inquiet, ne sachant ce qui se passait en lui, incertain d'être fraternel ou infâme.

Il s'était assis sur un éboulement de terres herbues ; il la regardait.

Dormait-elle ? oui, sans doute. Immobile sous l'enveloppement de sa chevelure, où se prolongeait l'ondulation de son corps, elle avait l'air d'une vague sombre que la mer aurait laissée là.

Mais, malgré lui, à travers l'ombre de la falaise, la noirceur des cheveux, et l'opacité des étoffes, il voyait, — hélas ! il voyait ! — une lente descente de chair blanche et grasse, qui se renflait, s'effilait, — des hanches, des jambes.

Il ferma les yeux.

Pourquoi avait-il cédé? pourquoi était-il venu avec elle, par cette chaude journée, dans cette solitude? Il courut vers la mer, prit de l'eau dans ses mains, s'en mouilla le front et la bouche, ne put pas s'en rafraîchir le sang qui lui montait à la peau par petites piqûres.

Il regagna le tas d'herbes, s'y rassit, tourné vers le lointain de la mer. Non, il ne regarderait plus Stéphana endormie.

Combien de temps resta-t-il ainsi, semblable à un homme alourdi par la chaleur du soir commençant, et qui ne songerait à rien? Il s'efforçait de ne pas songer, en effet. Il contemplait, véritablement, les vagues lentes, une barque qui passait, le phare sur la côte, au loin. Il y avait des moments où sa volonté triomphait à tel point, l'isolait si parfaitement de l'effrayant voisinage, que, très perplexe de savoir si ce bateau à voile, comme immobile, là-bas, s'éloignait de France ou s'en rapprochait, on l'eût fort étonné en lui apprenant que Stéphana était couchée sur la grève, à côté de lui. Mais l'idée lui vint, brusquement, que, s'il n'avait pas été là, des hommes, passant sur la route, qui? des contrebandiers, presque des bandits, auraient pu voir cette femme ensommeillée, s'approcher, rire, et, pour se divertir, relever les jupes de la dormeuse...

Misérables! Voyons, était-il fou? Personne sur le chemin; la grande solitude sous le soleil descendant; et, maître de lui, il remarquait que le reflet noir du phare, étrangement prolongé, venait jusqu'au milieu du golfe.

De nouveau il sortit de son calme à cause d'un long soupir, tout près de lui. Quoi? elle se plaignait, elle souffrait peut-être? Il se retourna vers la jeune fille assoupie; il vit un battement de paupières entre l'écartement de la chevelure, la bouche, comme par une soif ou par une faim, bâillait, toute rouge, avec une clarté de dents fraîches. Et, sur le lit de sable, Stéphana se tournait, se roulait, comme si des chaleurs eussent été sous elle; écartait, de mains instinctives, trop de chaleureux fardeau; défaillait, vaincue.

Alors le soupçon lui vint qu'elle était damnée, elle aussi! Sous ces paupières mi-closes, qui palpitaient, sous la lenteur remuante de ce corps endormi, qui ne voulait pas dormir, s'agitait peut-être la chimère qu'il connaissait, vivait peut-être la hantise horrible d'un songe! Misérable! qu'osait-il supposer? Elle était là, dans sa pureté sacrée. Ah! cette injure à une innocence était un crime de plus. Allons, il fallait ne plus être là, s'en aller, sortir de ce vent chaud, plein de démons. « Venez, dit-il, éveillez-vous! » Mais elle n'entendit pas, dans son sommeil étrange, et, sous la pesée de l'air, essoufflée, elle prenait, de ses deux mains, le haut de son corsage, l'ouvrait, montrait de la chair, ayant trop chaud. Il la secoua, l'éveilla, elle sourit, il lui dit : « Il est tard, levez-vous, voyons, viendrez-vous ? » Et il l'emmena, car il avait hâte de la laisser seule, dans cette maison où il ne coucherait pas.

Plus violemment, il se reprochait sa faiblesse, son consentement à cette promenade. Il aurait dû, ce matin, tout de suite, déclarer à Stéphana sa résolution de départ; il eût même mieux valu sans doute qu'il partît sans avertissement, sans adieu. Mais, enfin, la faute commise était réparable; sur le seuil de la demeure où elle était venue le rejoindre hélas! il la baiserait au front, comme hier, sans un frisson; et il y a, dans les lointains du monde, des pays où nul ne songe à vous suivre, où le nom qu'on porta est un bruit inconnu.

Il se hâtait, l'entraînant, regagnant la ville.

Mais il dut ralentir le pas, parce qu'elle n'en pouvait plus, accablée; et elle lui avait repris le bras, et elle le retenait, avec la caresse de sa fatigue.

L'ombre montait; ce qui restait de lumière à la cime des vagues s'éteignit comme l'écume fond; il n'y avait plus de clarté que vers le haut des collines. La pesanteur du soir d'orage les enveloppait comme d'un grand manteau tiède et doux; il eut, soudain, cette impression qu'ils n'étaient pas vêtus, et que, frileux dans la chaleur, ils se serraient l'un contre l'autre, sous une fourrure. C'était délicieux et terrible. Il était heureux, il avait peur. Il ne consentait pas à cette langueur, il la subissait, ne s'y pouvant soustraire. Du moins, la dernière épreuve s'achèverait bientôt. Il ne voulait pas remarquer que Stéphana se rapprochait de lui, en marchant, qu'elle lui serrait le bras, plus étroitement, et qu'elle avait peine à respirer. Il se reprit à marcher vite, comme s'il fuyait un danger, comme si l'arrivée, là-bas, eût été le salut. Enfin ils montèrent la côte ; il poussa la grille, ils traversèrent le jardin, il s'arrêta.

— Eh bien ! dit-elle, nous n'entrons point, Léopold ?

Il allait lui annoncer qu'il était obligé de partir, ce soir même, qu'une nécessité imprévue le contraignait... Elle leva le front vers lui, dans la clarté des étoiles qui la baignait toute d'une grande caresse blanche. Il frémit. Oh ! quel rêve avait-elle donc fait, tout à l'heure, pour en avoir ce souvenir dans les yeux ? Et, avant qu'il eût parlé, brutale, elle le prit par le cou, et lui mit sa bouche ouverte sur la bouche, et s'enfuit dans la maison, avec un cri de pudeur et de victoire !

Il se précipita, les bras tendus, revoulant cette

bouche! Cette chaleur de sang et de vie lui avait mis aux lèvres un frénétique désir d'encore, d'encore, d'encore! et de tout son être, vers Stéphana disparue, — comme si ce baiser l'eût baisé partout, — se ruait un besoin d'étreinte totale.

IX

Mais il se prit au collet comme on arrête un malfaiteur, et se maintint sur le seuil.

Ah! ce qui arrivait dépassait l'horreur concevable, l'horreur et l'ivresse concevables! il était aimé, comme il aimait. Aimé, lui, frère, par elle, sœur. Ils s'accordaient dans l'effroyable et délicieuse ignominie. Ils se voulaient, — ils se valaient! Qu'il eût poussé cette porte, qu'il fût entré dans la maison, et il aurait trouvé Stéphana, attendant, consentant. Elle se disait peut-être, à cette minute, qu'il était bien long à venir! elle espérait la nuit des incestueuses noces, et se faisait belle devant le miroir ! Certes, il l'avait déjà convoitée, avec quelle fureur ! mais, enfin, sa convoitise, jusqu'à ce soir, avait dû se ralentir à l'impossibilité de l'accomplissement. Même sur l'extrême bord de la chute, dans la folie déjà du vertige, il se figurait des effrois, des résistances, des mépris crachés au visage ; une nécessité : le viol ! et les obstacles certains aidaient à son recul. Désormais, ô terreur ! plus d'empêchements : ils avaient disparu, s'étaient envolés, modestie, vertu, épouvante, comme une chemise qu'on jette en l'air. Elle l'attendait, nue de tous les refus. Il pourrait être immonde, quand il lui plairait, là, derrière la porte. Se damner ? Comment donc ! rien de plus offert, rien de plus aisé. Voici l'immonde et délicieux abîme : donnez-vous la peine d'entrer ! Et même, cette peine, il ne l'aurait pas tout entière. Stéphana allait peut-être revenir, impatiente et câline, le prendre par la main, s'étonnant qu'elle eût besoin de lui dire : « Venez ! » le lui disant avec son sourire rouge qui veut être mordu. Ainsi, la posséder, c'était la chose possible, prochaine, voisine. Tends la main, tiens, le voilà, le butin merveilleux et hideux ! Pourquoi elle avait renoncé au couvent et à l'hymen céleste ? pourquoi elle était venue, ici, dans cette solitude, avec le paradis de ses yeux retourné en enfer ? Eh ! parce qu'elle en avait assez des divines fiançailles, parce que Dieu ne lui plaisait plus ; elle préferait — son frère ! Oui, ce qu'il éprouvait, elle l'éprouvait. Accommodement de deux monstrueux amours ! Adaptation de deux enfers qui se sourient ! « Prends-moi ! je veux être prise. » L'eau disait à Tantale : « j'ai soif d'être bue ! » le fruit disait à Tantale : « j'ai faim d'être mangé ! » la bouche de Stéphana disait à Léopold : « ah ! baise-moi donc enfin ! » Et il n'avait qu'un pas à faire, — pas même un mot à proférer, — pour que l'immense joie affreuse fût devant lui, sous ses mains, sous ses bras, sous ses lèvres, comme un fleuve d'enivrement et de poison où l'on s'enfonce, où l'on boit à même...

Il refusait !

Et, enfin, devant l'acharnement et l'énormité de l'embûche diabolique, un orgueil lui venait, d'avoir une vertu qui valût d'être tentée ainsi.

Il marcha droit devant lui, presque lentement, tant il était sûr de ne pas revenir, de ne pas regarder en arrière.

Oui, sûr.

Il descendait la côte ; on l'eut dit calme.

Une voiture montait la route, ses deux lanternes clignant dans l'ombre.

— Tiens ! c'est vous, Léopold ! ah ! bien, en voilà une chance !

La Marchisio avançait hors de la portière, sous toque à plumes, sa face ridée de vieux singe qui rit.

— Comme cela se trouve, justement j'allais chez vous ! dit-elle ; il faut que je vous parle tout de suite, et j'ai un tas de choses à vous raconter !

X

Que venait faire cette femme, ici? que lui voulait-elle? Depuis longtemps il avait cessé d'ignorer le rôle qu'elle joua auprès du général de La Roquebrussane : pourvoyeuse d'un lit infâme de vieillard; amie, conseillère, sinon parente de Giselle d'Erkelens, de l'aventurière éhontée, qui fut la mère de Stéphana hélas! La Marchisio semblait à Léopold la survivance, odieuse et grotesque avec la sale élégance de ses loques, de tout un malpropre passé; et l'arrivée, tout à coup, de cette honte, parmi tant de douloureuses vilenies, était comme un crachat sur un tas de boue.

Il feignit de ne point entendre, continua son chemin.

Un tel accueil, ou plutôt un tel refus d'accueil, aurait découragé toute autre personne que la Marchisio. Elle n'était pas femme à se laisser aisément dissuader des entreprises où elle s'était résolue. D'ailleurs, dans le cas présent, il s'agissait de l'avenir de Paul! il n'est rien qu'une bonne mère ne supporte dans l'intérêt de son fils. Comment? cette réconciliation du frère et de la sœur ruinait de fond en comble les espérances, si légitimes, qu'elle bâtissait depuis si longtemps? et, pouvant rompre cet accord, elle n'y tâcherait pas? elle souffrirait que Stéphana prît sa place dans le monde, créât une famille à M. de La Roquebrussane, au préjudice des autres parents, des parents véritables, qu'il avait? Ah! bien, oui. On allait voir.

Elle sauta de la voiture, courut après Léopold, le saisit par le bras.

— Mais écoutez-moi donc, s'écria-t-elle, ce sont des choses très graves que j'ai à vous dire.

Il répondit brutalement, sans se tourner vers elle :

— Eh bien! qu'est-ce? Parlez vite.

Parler, elle ne demandait pas mieux, puisqu'elle était venue pour cela. Seulement ce serait un peu long; il fallait prendre les choses depuis le commencement. S'ils allaient dans la maison, là-haut?

on causerait, assis. Non? il préférait rester sur la route? Soit. Comme il voudrait. Mais, d'abord, elle tenait à établir qu'elle agissait dans les meilleures intentions du monde, par pur dévouement pour Léopold. Ce n'était pas la première fois qu'elle donnait des témoignages d'affection désintéressée à la famille des La Roquebrussane. Les gens qui la croiraient capable de songer à son intérêt personnel, à celui de Paul, — « si vous saviez comme il vous aime, mon Paul! comme il parle de vous avec tendresse, avec respect! quand il a dit : mon oncle, il a tout dit! » — se tromperaient étrangement. Une bonne femme, toute simple, très honnête, voilà ce qu'elle était. L'idée de faire tort à une jeune fille, innocente de tout cela en somme, ne lui était jamais venue. Preuve : elle avait gardé, avec le plus grand soin, sans la moindre allusion, le secret qu'elle possédait. Oui, tant que cette pauvre fille s'était tenue à l'écart, tant qu'elle s'était destinée à la vie religieuse, pas un mot! Mais tout était changé à présent. Voici que Stéphana vivait auprès de Léopold. La Marchisio ne pouvait pas, ne devait pas tolérer que cette enfant usurpât une situation, une affection surtout, auxquelles... en réalité...

Léopold cria :

— Qu'est-ce que vous dites?

La Marchisio ne laissait pas d'éprouver quelque

inquiétude. Elle se rappelait les rudesses du général marquis de La Roquebrussane; Léopold pouvait avoir hérité les emportements et la main lourde de son père. Bah! elle continuerait.

— Ce que je dis? la vérité.

Et elle se mit à bavarder. Au fond, ça lui faisait de la peine de porter ce coup à Léopold, de nuire à la réputation de Gisèle, son amie, sa sœur, qui était morte. Mais le devoir avant tout. Non, à présent, elle ne pouvait plus se taire!

Léopold frappa du pied.

— Ah! dame, c'est que ce n'est pas facile à dire, ces histoires-là!

Pourtant elle s'expliqua plus clairement. Une chose qu'il ne savait pas, mais qu'elle pouvait lui affirmer, elle, c'est que le général, à l'époque de son mariage avec la comtesse d'Erkelens, était tout à fait un vieillard. « Songez donc! soixante-dix ans! » Ce qu'on avait raconté, les fêtes avec les filles, ses vigueurs persistantes, exagérations, légendes. « A Paris, on en fait, des racontars! » Un vieux, oui, un vieux. Le soir des noces, un baiser sur le front, et quelques petites caresses, pour rire, — ça l'amusait, ce pauvre homme, il ne voulait pas s'être marié pour rien, — mais pas autre chose. Non, pas autre chose. Il pouvait la croire, puisque, cette nuit-là, elle avait couché dans la chambre de Gisèle! Et, la nuit suivante, rien ; et, toutes les autres nuits, rien. Enfin, Stéphana ne serait jamais venue au monde, si, quelques années après le mariage, un danseur comique, un Italien, Stéphano, — « vous voyez ! ce nom ! » — n'était venu à Paris. Giselle avait toujours adoré ce garçon-là. Ça se comprend ! son premier ! « Moi, je lui disais : Carina, ce n'est pas bien. Le marquis est excellent pour vous. Vous ne devriez pas... » Mais, faire entendre raison à une femme amoureuse, c'est ça qui n'est pas facile ! et même, bonne comme elle était, — sa bonté, c'était son malheur ; — la Marchisio avait dû servir de confidente aux deux amants, leur ménager des entrevues.

Léopold la saisit par les épaules et, la secouant :

— Des preuves !

Il lui faisait mal, presque. Voilà ce qu'elle avait craint ; ils avaient toujours été d'une brutalité extraordinaire dans cette famille ! Sans doute cette nouvelle, imprévue, devait paraître fâcheuse à Léopold ; mais ce n'était pas une raison pour secouer une honnête femme comme un prunier. Elle se dégagea, elle dit : « Calmez-vous ! » Il ne devait pas prendre cette aventure au tragique ; surtout, elle le suppliait de ne pas être méchant pour Stéphana. La renvoyer au couvent, la donner au bon Dieu avec une dot convenable, — d'ailleurs, elle avait une fortune personnelle, qu'on ne pouvait pas lui enlever, — cela suffirait. Oh! on ne lui demandait pas de la garder près de lui, ni de la marier, ni de s'attacher à elle, non, non, mais il devait être bon, ne plus s'occuper d elle, voilà tout.

— Des preuves! répéta-t-il.

— Eh! j'en ai, plus qu'il n'en faut. Avant de mourir, Gisèle m'a remis le coffret où elle gardait les lettres de Stéphano. J'aurais dû les brûler. Je me disais toujours : « Je les brûlerai demain. » On n'a le temps de rien dans la vie.

En parlant ainsi, elle tendait à Léopold des lettres jaunies, fripées, en tas, qu'elle avait retirées de son corsage. Il les saisit, se jeta vers la voiture, se mit à lire, les mains fébriles, sous la lueur d'une des lanternes. Des lettres d'amour en effet, nombreuses, passionnées. De Stéphano à Gisèle. Au haut des premières pages : « Ma Gisèle »; au bas des quatrièmes pages : « Stéphano ». Écrites en mauvais italien de Naples. Orthographe de cabotin. Mais très claires. Remerciant de rendez-vous, racontant des caresses, espérant d'autres entrevues, parlant de l'enfant qui allait naître, — notre cher petit, ou notre chère petite, — et qu'on appellerait Stéphano, ou Stéphana! de l'enfant qui s'appelait Stéphana, et qui était née!

A vrai dire, la Marchisio continuait à se sentir

passablement inquiète. Rapprochée de Léopold, elle ne lui voyait pas le visage, mais elle devinait, à de brusques sursauts d'épaules, à des cris sourds, mal retenus, qu'un bouleversement s'opérait en lui. Elle eut l'idée qu'il allait l'injurier, la battre, tomber à coups de poing sur la porteuse de mauvaise nouvelle! Le général n'y eût pas manqué. Elle avait été trop prompte, aurait dû révéler les choses avec plus de précaution; et, pourquoi avoir parlé? pourquoi être venue? Elle eût été facile d'écrire, d'envoyer les lettres. Instinctivement, elle se penchait, allongeait le cou sous le tremblement de sa toque à plumes, pour voir la figure qu'il faisait en lisant.

Elle recula, stupéfaite.

Car, jamais, sur aucune face humaine, elle n'avait vu aussi ardente, aussi éclatante, aussi débordante, l'expression de la joie!

Et il se tourna vers elle, dans la lumière, les yeux fous de ravissement.

— Tenez! tenez! prenez!

Il lui donnait, lui mettait dans les mains, non les lettres, mais de l'argent, de l'or, des billets, sortis de ses poches, lui en donnait encore en disant : « Prenez! prenez tout! et allez-vous-en! mais allez-vous-en, vite! » Et, sans plus s'inquiéter d'elle, il courut vers sa maison.

Fou? oui, tout à fait l'air d'un fou. Comment? voilà l'effet que ça lui produisait d'apprendre qu'il n'était pas le frère de Stéphana? Ah! bien! ce n'était pas à ce dénouement-là qu'elle s'attendait. Qu'est-ce que cela voulait dire? elle verrait, s'informerait. D'ailleurs, pas fâchée; elle remonta dans la voiture; au contraire très contente; à cause de l'argent, de l'or, et des billets de banque, qu'elle comptait tout près de la vitre, dans le creux de sa jupe.

XI

Innocent! ce mot lui montait du cœur en une furieuse bouffée d'aise. Son sang, sa chair, ses nerfs, tout ce qu'il avait de vivant, voulait s'épanouir en ce seul mot, et il fallait qu'il le proférât, ô fierté de l'entendre! et il le lança triomphalement vers les étoiles. Innocent! Il ajoutait, le front au ciel, en se frappant la poitrine, comme pour se désigner : « Moi! moi! moi! »

Un homme, — un honnête homme, — vient de s'endormir. Non, il veille, il entre dans une maison, par escalade, comme un malfaiteur. Allons donc!

est-ce que c'est possible ? C'est vrai. Il défonce un coffre-fort, et il y prend de l'argent, à pleines poignées. Il ne veut pas de cet argent, il en a horreur, il ne le prendra pas ! Il le prend, il l'emporte. « Mais je suis donc un voleur ? — Oui, retourne sur tes pas ; tu n'as pas vu, au fond d'un tiroir, un portefeuille. » Qui lui parle ? il ne sait pas ; il obéit ; il veut résister, il ne peut pas, il sue à grosses gouttes ; il va chercher le portefeuille et il l'emporte avec l'argent. Au bas de l'escalier quelqu'un surgit, qu'il reconnaît bien, son ami des meilleurs et des plus anciens jours. « Étrangle-le ! » il l'étrangle avec ses mains pleines d'or. « Mais je suis donc un assassin ! — Oui. Au second étage, il y a une vieille qui dort dans un lit, tu as un couteau, tue-la. » C'est épouvantable ! il veut s'enfuir ! Non, il monte l'escalier, il lève son couteau, il frappe la vieille, il la frappe encore, et comme elle s'est débattue, il a, en redescendant, des mèches de cheveux gris entre ses doigts rouges. Alors les gendarmes le prennent et l'emmènent. Il les entend dire qu'il a mis le feu, il y a une heure, à la maison du maître d'école, pleine d'enfants endormis. Il se souvient ! oui ! c'est lui qui a mis le feu ! La maison a brûlé tout de suite ; il y avait un petit, les vêtements allumés, qui voulait s'échapper par la fenêtre du rez-de-chaussée ; il l'a repoussé dans les flammes d'un coup de poing, et il a pris plaisir à faire cela. Mon Dieu ! Mon Dieu ! Maintenant voici le tribunal, les juges habillés de rouge. De tous les coins de la salle, on le montre du doigt, avec des huées ; il entend un de ses voisins, avec qui, le soir, il jouait aux dominos dans le petit café au coin de la rue, dire, en le regardant : « Qui aurait jamais cru cela de lui ! Un homme qui a de la famille, qui était estimé dans tout le quartier ! » Ses cheveux se dressent d'horreur ! Puis tout à coup il sort d'une grande porte qui, en s'ouvrant, a fait un bruit terrible, il se trouve sur une place, pleine de monde, grise et grouillante, dans du brouillard et dans de la pluie. Il peut à peine marcher, parce qu'il a les jambes liées ; on le pousse, il a froid derrière la tête, comme s'il avait le cou tout nu ; c'est vrai, il a le cou nu ! Pourquoi ? on le pousse encore, il voit la guillotine ! il voit le couteau vif qui luit ; on le pousse toujours, on le couche, il sent que ses pieds ne touchent plus à rien, battant l'air, et que le couteau va... « Père ! dit une petite voix fraîche, mais lève-toi donc, on est à table. » C'est la plus jeune de ses filles qui vient de l'éveiller, celle, toute rose, qui a les cheveux blonds et bouclés.

Mais qu'est la joie de ce réveil au prix de l'immense allégresse où se rassérénait, tout entier,

Léopold ! S'être cru coupable de la plus abjecte des ignominies, et n'en être pas coupable, n'en avoir jamais été coupable ! Se trouver exempt d'une telle turpitude ! pur d'une telle souillure ! prodigieuse et délicieuse délivrance ! Il se disait : « Elle n'est pas ma sœur. » Il répétait : « Elle n'est pas ma sœur. » Il lui semblait que des impuretés lui sortaient du front, du cœur, du ventre, par tous les pores de sa peau, comme une sueur de guérison, se vaporisaient, n'étaient plus. Innocent ! La trouver belle, l'aimer, la convoiter, il en avait, il en avait eu le droit. Ah ! Dieu, il avait pu, sans être un monstre, rêver qu'il la tenait entre ses bras. Il ne voulait pas songer, dans l'effervescence de son ravissement, que ce droit ne datait que de la minute où la vérité lui avait été révélée ; qu'au temps de son erreur, ses remords furent légitimes ; non, l'innocence actuelle innocentait le passé ; puis, sans doute, quelque clairvoyant instinct, au fond de lui, malgré les apparences et les certitudes, avait pressenti qu'ils n'étaient pas le frère et la sœur. Sa sœur, elle ne l'était pas ! Sans doute, aucun espoir ne se mêlait à sa joie ; portant le même nom, fille et fils, légalement, du même père, toute union était impossible entre eux. Mais aimer Stéphana et ne pas être infâme, voilà l'extraordinaire enchantement qui s'offrait à lui, permis. Stéphana aussi devenait innocente ! L'amour, vivant en elle comme en lui-même, n'était pas un péché; elle ne s'était pas damnée en ce baiser, ce soir. Il répétait encore : « elle n'est pas ma sœur; elle n'est pas ma sœur. » Orgueil de ne plus se mépriser! douceur de ne plus se haïr! Et l'ivresse qui l'emplissait, il la sentait autour de lui, comme si elle eût débordé, se fût répandue, l'enveloppant. Cette chambre, où il avait compté les heures de tant de soirs mélancoliques, où, hier soir, il n'avait pas osé coucher, lui apparaissait lumineuse, sans tristesse ni terreurs, comme son cœur maintenant. La lampe, les tentures, les meubles, toutes les choses lui souriaient, le complimentant de son innocence! Ciel béni! après tant de remords, et de hontes, — innocent!

Il tressaillit, mais sans effroi, en une douceur extrême.

Il entendait un bruit faible et lent descendre l'escalier, s'approcher. Qui donc venait? Il le savait bien! Stéphana. C'était divin de penser qu'il allait la voir, et que la regarder ne serait pas un crime. Elle parut, elle marchait vers lui, sous l'ampleur lourde de ses cheveux tombants, ses bras nus levés hors de ses manches ; et dans sa pâleur dorée, plus chaude ce soir, s'allumaient ses grands yeux sombres, s'ouvrait son baiser rouge. Il courut à elle en criant : « Vous n'êtes pas !... » Mais elle l'avait pris par le cou, et ne le laissait pas achever, et lui buvait son haleine !

XII

Ils s'étreignaient avec frénésie sous la tente noire des cheveux. Le déchaînement enfin, comme d'une lionne lâchée, de leur formidable amour, se ruait, s'acharnait, pantelait dans cette embrassade. Leurs corps, leurs cœurs, leurs âmes, s'exigeaient, se prenaient. « Stéphana ! — Léopold ! » Il y avait dans ces cris, qu'étouffaient des baisers, « Stéphana ! — Léopold ! » des douceurs et des fureurs, des rires et des râles, « Stéphana ! — Léopold ! » et des clameurs sublimes de victoire. Des voix de ramiers et de bêtes en rut, de fous et de mourants, et la voix de deux anges qui, après la prison infernale, se rejoignent dans la délivrance du ciel, se pâmaient entre leurs bouches. « Stéphana ! — Léopold. » Ils répétaient leurs noms au lieu de toutes les paroles ! Est-ce qu'il n'y avait pas tout l'amour dans « Stéphana, » et tout l amour dans « Léopold ? » Que pouvaient-ils penser, qu'auraient-ils pu dire qui ne tînt dans ces deux mots ? Il leur suffisait de se nommer, de se nommer encore, pour s'avouer leurs longs désirs et leurs angoisses, et leur extase, et leur vœu d'éternel baiser. « Stéphana ! — Léopold ! » Quelquefois, ils s'écartaient, pour mieux se voir, pour se convaincre de leurs présences, pour s'assurer, elle, que c'était lui, lui, que c'était elle ; et ils se renlaçaient, plus éperdument. Puis ce fut, hors d'un déchirement d'étoffes, la nudité de l'amante triomphale et sans pudeur ! Reculant comme devant l'ouverture d'un tabernacle où l'idole apparaît, les mains tremblantes, la poitrine battante, il eut, dans le ravissement et l'effroi de ses yeux, la splendeur de la chair auguste et fatale. Pure jusqu'à l'impossible divin par la perfection de la forme, désirable jusqu'à l'au delà des luxures par les réalités de sa peau grasse et chaude, imposant le culte et le blasphème, le prosternement et le viol, elle était, céleste et diabolique, pareille au rêve d'un dieu damné. Il la saisit, la serra, l'enleva, l'emporta. Il la tenait devant lui, renversée et hautaine, superbement consentante en l'orgueil de sa chute, et le cri de la vierge faite femme sonna comme un grand cri de joie! Alors, la lampe renversée, il y eut, dans les ténèbres où se mouvaient des blancheurs, des ralentissements et des résurrections d'étreintes, des élans qui succombent, des pâmoisons qui sursautent. Une fois, il fut secoué d'un violent éclat de rire! « Qu'as-tu donc? — Rien, je ris! » L'idée lui était venue qu'un autre homme avait convoité cette femme, avait espéré l'avoir ; et l'absurdité inconcevable de cette folie, le ridicule de cette chimère, faisait que Léopold riait à se tordre. Il la possédait, elle, lui, lui seul ! il la possédait, la tenait, ne la lâcherait pas. Ses mains, ses bras, sa bouche étaient pleins d'elle. Et c'étaient de profonds silences où leurs lèvres s'opiniâtraient à l'aspiration de leurs vies. Et ils mouraient. Est-ce que les heures qui passent dans l'ombre s'attardent à compter les baisers? Elle fut longue, tant ils y firent tenir d'ivresses, la nuit de leur premier hymen. Et quand le matin entra par les fenêtres bleues, il l'entraîna, fraîche et chaude, et nue, vers l'aube ; elle se renversait au bois de la croisée, les reins ployés, la gorge droite, les cheveux pendant au dehors; sur tout le visage, sur les prunelles ouvertes, où ne s'éteignait pas le regard nocturne, sur les lèvres offertes où se rallumait le désir, la clarté ruissela, rose et vive ; et lui, Léopold, penché sur Stéphana, il la regardait le regarder, ivre de la voir plus vraie dans le jour, il baisait, dans ces grands yeux, les délices encore de la nuit, il baisait de l'aurore dans cette bouche rouge.

FIN DU LIVRE DEUXIÈME.

LIVRE TROISIÈME

I

C'était à Castel-Lauterès, dans la maison de Mme Cardenac. Vieille cage sans son vieil oiseau. On venait de mettre la pauvre femme dans le cimetière de Nemours; de la terre avait fait du bruit sur le bois du cercueil; demain la lame serait posée, s'adapterait au sol, de cette lourdeur qu'on ne soulève plus; et la stèle se dresserait, montrant une épitaphe.

Pendant que des hommes, sous la porte, avec la hâte méthodique de valets qui desservent une table après le départ des convives, enlevaient de dessus l'échafaudage en bois vermoulu le drap noir où s'applique une croix, le bénitier et l'aspergès d'argent, et quelques fleurs restées, tous ces reliefs des funérailles, Sourdeval et Cardenac se tenaient dans la salle basse, sans se regarder, Sourdeval assis, Cardenac debout.

Le fils de la morte ne pleurait pas.

Il avait l'aspect dur, presque menaçant. En travers de son front, le long de ses joues, des rides rudes étaient comme une habitude de crispation, comme un tic de colère, fixé. Il ressemblait à une face qui s'immobilisa dans une malédiction. Ce qui l'avait fait tel, était-ce la douleur, le reproche à Dieu, de sa mère morte? oui, cette douleur, et une autre, plus ancienne. Léopold rejoint par sa sœur, disparu, sombré, on ne savait où, dans la honte définitive, heureux peut-être! épouvanta la conscience de Cardenac; ce fut comme une horreur médusæenne, dont se pétrifia ce qu'il avait en lui d'attendri et de miséricordieux. Dépouillé d'une amitié, sa plus chère douceur, qui avait été quelque chose comme l'amour d'une mère géante pour un chétif enfant, comme une espèce de luxe tendre dans la simplicité austère de sa vie, il sentait son cœur nu et froid, pareil à une salle antique d'un palais ruiné. Puis Mme Cardenac, instruite, — car, ce mariage rompu, cette fuite de

Stéphana, ce volontaire exil de Léopold, il avait bien fallu en donner la raison, — instruite hélas! de l'exécrable amour où s'étaient unis le frère et la sœur, stupéfaite, brisée, n'avait plus quitté son fauteuil que pour son lit, son lit que pour sa tombe. Maintenant Cardenac se demandait, les bras croisés, ce que c'est qu'une terre où tout ce qu'on aima s'avilit, disparaît ou meurt. Quoi! les bonnes vieilles mères trépassent à cause des amis infâmes? et, morne, il n'aimait plus.

Thérésine, la servante, entra, plaça une valise sur une chaise, s'en retourna, étouffant des sanglots dans un gros mouchoir rouge.

Sourdeval avait levé vers Cardenac ses bons yeux luisants de pleurs.

— Vous partez?
— Oui.
— Pour longtemps?
— Oui.
— Pour toujours?
— Adieu.

Cardenac considérait ce brave homme, triste, qui avait eu sa part, lui aussi, de tant d'amertumes et d'espérances déshonorées. Il ne sembla pas ému, il dit encore : adieu, il sortit.

Il traversa le clos de pommiers, d'un pas lent et ferme; pas une fois il ne tourna la tête vers la croisée d'où, si souvent, jadis, entre les rideaux de cotonnade, sa mère l'avait guetté, revenu des champs ou du bois, pendant que le chien aboyait le retour et gambadait vers la porte. Il montrait de l'indifférence, avec de l'âpreté. Il ne voulait pas se souvenir. A gauche de la grille, d'un poteau à un poteau, sur une corde un peu détendue, pendaient des linges blancs qu'on avait mis à sécher ; nappes, draps, des torchons, des serviettes, des chemises, quelques bonnets de toile. Un des bonnets, — les vieilles dames, à la campagne, en portent de pareils, — s'ornait de broderies à jour, de plissures défaites, de brides longues qui remuaient. Cardenac s'approcha, s'arrêta. Il regardait ce bonnet. Il le prit très vite, le porta à ses lèvres, et le baisa en fondant en larmes. Puis il continua son chemin. Il n'avait pas replacé le bonnet sur la corde. Il l'emportait, dans une poche, sur sa poitrine. Il y avait dans cette poche un portrait de Léopold enfant, relique aussi, qu'il ne s'était pas résigné à détruire. Il s'éloignait de son pas ferme. Dans ses yeux fixes, grands ouverts, le vent sécha les pleurs.

II

La Norvège n'a pas de plus mélancolique fjord que le sombre Hardanger. Son eau, ici sans vague et là remuante avec d'éternels gémissements, semble de l'ébène liquide entre les montagnes à pic, parois démesurées, noires et lisses, qui le resserrent; et, plus loin que les étagements des monts désolés, vers le pôle, dans des brumes, d'immenses glaciers blanchissent sous la pâleur lunaire du jour septentrional.

Les rares touristes qui, venant de Bergen sur un des hardis steamers de la mer norvégienne, pénètrent dans le Hardanger, s'étonnent de voir, en face d'eux, sur les hauteurs sauvages, un palais, une église, un sépulcre. Le palais, bâti de marbres clairs où de la poussière d'or scintille au blême soleil, se dresse sur un plateau nu; du fjord on ne voit pas sa façade tournée vers l'intérieur des terres. L'église, petite et blanche, s'isole, plus haut, érigeant sa croix vers la nue. Plus haut encore, à la pointe extrême d'un étroit promontoire aérien qui, séparant le Sognefjord du Hardangerfjord, s'avance vers la pleine mer et la surplombe, le sépulcre de granit blanc s'allonge comme un grand sphinx aux ailes closes qui regarderait l'infini.

Ils forment, tous trois, un solennel escalier de la vie à la prière, de la prière à la mort.

Mais la façade du palais, d'où descendent de terrasse en terrasse des jardins fleurissants, regarde la vallée charmante, lumineuse et ombreuse, remuante de ruisseaux qui courent, et, çà et là, parmi des champs de pavots et de balsamines, coloriée de gais villages aux maisons de bois peintes, dont les vitres étincellent. Ni le voisinage, derrière les monts, du fjord lugubre et des côtes déchirées et de la noire mer, ni, de l'autre côté, la désolation splendide des cimes de neige et des glaciers dont, parfois, on entend, à travers le tonnerre des cataractes, les craquements sourds et les explosions, n'attristent la claire contrée où les filles grasses et blanches sous leurs coiffes à cornes d'or et les garçons enrubannés dansent, les jours de fête, dans la cour des métairies, au son des mandolines à trois cordes.

C'est par le caprice d'une enfant royale que s'élevèrent ces trois édifices, entre la sauvage détresse du fjord, et la magnificence pâle des éternelles neiges, et le sourire de la vivante vallée; les gens de Bergen, d'Odde, de Vossevangen, disent encore cette histoire, jolie et vague, presque conte, ou légende.

Une fois, la princesse Fabricia, Italienne qui devait devenir Allemande, seize ans alors, presque une petite fille, aujourd'hui épouse auguste d'un roi régnant, avait voulu, née à Palerme, visiter les pays où l'on a froid; voir la neige est un désir familier aux compatriotes des roses. Elle partit donc, avec ses demoiselles d'honneur, et beaucoup de chambellans qui portaient ses poupées. Le roi de Suède vint la recevoir, à Malmoë, avec une escorte. Mais, visiter des villes, Stockholm, Upsal, Christiania, Drontheim, ne suffisait pas à la voyageuse; ensoleillée encore de son pays natal, elle exigeait des solitudes glacées, blêmes de jour hyperboréen; les chambellans durent la suivre, avec les poupées, par d'âpres routes, vers le nord inconnu; elle voyageait, sur des litières de soie aux franges d'or, une perruche familière au doigt; elle se pelotonnait, un peu frileuse dans ses fourrures, au soleil. Or, un jour, après avoir traversé le pays de Vossevangen, tiède et clair comme une vallée d'Italie, après avoir cueilli au bord du Burbroë les touffes pâlissantes de l'aconit et les écarlates baies de la belladone, — car l'énorme glacier a des rives toutes fleuries de poisons, — elle se trouva sur le haut d'une montagne d'où elle voyait à la fois la plaine riante, les neiges célestes, et le sinistre Hardangerfjord. Elle se sentit tour à tour, selon qu'elle regardait les prairies, ou le ciel escaladé de sereines blancheurs, ou le gouffre, contente, rêveuse, mélancolique; elle pensa que le lieu serait bien choisi pour y vivre, pour y prier, pour y dormir, étant morte. De là le dessein tout de suite formé en son esprit d'enfant de faire édifier sur ces hauteurs un palais, une église, un sépulcre; et, de retour en Sicile, elle jura qu'elle tomberait malade si l'on résistait à son caprice. On se garda bien de n'y pas céder. Les constructions furent vite entreprises, assez vite achevées; on mit dans la demeure princière, bâtie de marbres clairs, tout un luxe de meubles rares et une cage pour la perruche; on installa dans la chapelle un jeune prêtre italien un peu surpris de cette Norvège luthérienne et froide; le tombeau seul resta vide. Mais quand, l'été revenu, tout fut prêt pour recevoir la princesse, elle déclara qu'elle n'éprouvait aucune envie de retourner dans les pays où l'on gèle, et qu'elle était bien résolue à faire un voyage dans l'Inde, en palanquin, avec ses poupées. Aujourd'hui, dans l'oratoire où la reine Fabricia, grave et très experte aux choses de la politique, s'entretient avec les ministres de son époux royal, elle doit hausser l'épaule s'il lui arrive de songer à ces extravagances de petite fille romanesque, impérieuse déjà. D'ailleurs, pratique, il y a longtemps qu'elle a vendu son domaine de Norvège. A qui appartient-il maintenant? Il fut habité longtemps, — non pas toute l'année, mais pendant les mois de clarté, — par un gentilhomme d'Écosse, épris de la nage dans l'eau des fjords, des marches sur les glaciers, et de la chasse à l'eider. Puis, une fois, à Christiana, dans le hasard d'une causerie, deux voyageurs français, un jeune homme, une jeune femme, entendirent parler de ce palais lointain en un pays farouche et charmant. Ils allèrent le visiter, le louèrent, ou l'achetèrent. Maintenant, ils y étaient installés avec un nombreux domestique. Dans les bourgades de la vallée, on savait d'eux fort peu de chose, à peine leurs noms. Leurs valets, leurs servantes, ne parlaient ni ne comprenaient la langue du pays; de là une discrétion forcée, presque absolue. Le prêtre de la petite église, —

resté où on l'avait mis, vieillissant dans la solitude où sa foi s'était exaltée, satisfait d'ailleurs de quelques âmes conquises à l'orthodoxie, — ne pouvait rien dire de ses voisins, sinon qu'ils étaient catholiques; car ils venaient à sa messe. Mari et femme? probablement. On les rencontrait sur les pentes de la montagne, les yeux vers les yeux, la main tenant la main; après l'heure où, sous d'autres cieux, s'installent les ténèbres, on voyait se voiler de rideaux, à la façade du palais, les fenêtres d'une seule chambre. Ces étrangers, c'étaient Léopold et Stéphana.

III

Les ailes de leur bonheur s'étaient ployées dans cette morne et douce solitude. Même pour se poser, il faut beaucoup d'espace aux grands oiseaux. Après la fuite éperdue à travers le Guipuscoa, la Catalogne, l'Andalousie, de ville en ville, de bourgade en bourgade, — brutales nuits dans les auberges ! où la joie de l'étreinte s'exaspère de la gêne des lits ! — après d'autres voyages, en Italie, en Autriche, en Grèce, n'importe, plus loin, loin du passé, des gens qui pouvaient dire : « Mais se sont eux ? » des étonnements, des bavardages qui auraient inquiété le mystère de leur innocent et scandaleux amour, après tant de départs et de haltes heureuses, et de départs encore, ils avaient choisi ce lieu de repos dans l'exil, s'y trouvaient bien, n'en sortiraient jamais. Ah! que la vie était oubliée, la vie des autres! Ce ne serait pas un effroi pour eux que les immuables ténèbres de l'hiver sans aurore : l'inassouvissement de leur amour craignait peu les longues nuits. Et la clarté continue de l'été n'étonnait pas leurs cœurs sans ombre.

Ils s'aimaient ineffablement, elle triomphante, lui charmé.

Car elle était la triomphatrice. Les peurs, les remords, les hésitations qui bourrelèrent Léopold, elle ne les avait pas connus. Tout de suite amoureuse, — ah! si amoureuse! — elle avait voulu, sans faiblesse, sa défaite, qui serait une victoire. A peine, appelée par Mme Cardenac, l'avait-elle regardé, pâle, un peu frêle, mais si doux, qu'elle s'était dit : « Ce n'est pas Dieu que j'aime, c'est lui! » et elle n'avait plus espéré d'autre salut que la damnation. « Oui, dès cette première minute, la première de notre amour, pour moi, — car, tu sais, dans la petite église de la route, je ne t'avais pas vu, — je compris que mes extases devant l'autel, et les pieds du Christ, baisés, et mon emportement vers les célestes noces, n'étaient que le besoin, inconsciemment pressenti,

de défaillir entre tes bras! » Quoi? il n'avait pas deviné, — quand elle lui avait mis la main au bras dans le clos de pommiers, — qu'elle l'aimait? Il n'avait pas deviné, — quand ils se promenaient ensemble dans la solitude du pays plat, — qu'elle l'aimait, qu'elle disait Jésus pour dire Léopold, que c'était vers lui qu'elle priait, fiévreusement, vers lui qu'elle tendait des mains qu'il ne baisait pas, le fou! Et le soir où, si près l'un de l'autre, leurs âmes mêlées, — ah! comme elle se mettait, toute, dans son âme, — ils regardèrent le ciel, il n'avait pas senti qu'elle l'entraînait vers des solitudes infinies où ils seraient, lui pour elle, elle pour lui, Dieu? Pourquoi, plus tard, avait-il fermé sa fenêtre, si vite, cette nuit-là? elle avait ouvert la sienne, les bras tendus, et le nommant. Puis il était parti. Ah! le faible cœur. Elle avait souri; il reviendrait. Elle avait bien voulu retourner au couvent, espérant qu'il l'en ferait sortir. Elle ne pouvait s'empêcher de rire un peu en songeant à l'air de la mère Marie-Angélique, le soir où elle lui avoua, dans l'innocence effrayée de la cellule, l'amour dont elle s'enorgueillissait, elle, Stéphana! La fierté d'être damnée, est-ce qu'une nonne peut concevoir cela?
« Puis, ces braves gens, Cardenac, sa mère, m'ont dit qu'il était temps de me marier. Je n'ai pas dit

non, je crois même que j'ai dit oui. C'était une façon de t'obliger au retour, toi! la jalousie forcerait à se révéler la passion que tu avais dans le cœur, je le savais bien. Si tu avais été là, j'aurais souri à Sourdeval devant toi, pour voir la chère colère de tes yeux. Tu ne revenais pas. Je croyais toujours que tu allais apparaître, que tu crierais : « Laissez-la, je la prends, je l'emmène! » Tu ne revenais pas. Je consentais avec un air plus joyeux, je voulais exaspérer ta jalousie absente. J'avais un fiancé, j'ai accepté des fleurs, que tu n'as pas piétinées! j'ai dit : « Eh bien! soit, la semaine prochaine! » Mais tu ne revenais pas. Alors je suis partie, et je suis arrivée chez toi, seule, chez toi, et je t'ai mis les bras au cou, et je t'adore! » Elle lui reprochait, — quelquefois, les soir, quand il s'alanguissait, — les faiblesses qu'il avait eues naguère, devant la loi sociale, devant la loi religieuse. « Alors, c'est donc que je n'ai pas mieux que l'honneur et mieux que le paradis dans la bouche? Dis que je suis laide, tout de suite! » Elle le caressait avec des bras sûrs d'être indénouables. Elle ajoutait : « Mais je ne t'en veux pas d'être comme tu es. C'est peut-être parce que tu es ainsi que je t'aime. Je pense à une chose quelquefois : dans notre hymen, l'épouse, c'est toi, l'époux, c'est moi ; de ton nom d'homme, on peut faire, facilement, un nom de femme, — ah! tiens, je ris, demoiselle ; — change une lettre de mon nom de femme : il sonne comme un fier nom d'adolescent. Dieu! que je t'aime! » Et elle lui racontait que si elle ne l'avait pas trouvé, dans cette ville, en Espagne, elle aurait demandé, à quelqu'un, aux gens du pays, de lui indiquer l'endroit du rivage, où il avait coutume d'aller se promener, et que, de cet endroit-là, roche ou falaise, elle se serait jetée dans la mer, pour y mourir, en l'appelant. Mais, non, elle aurait voulu vivre, elle aurait découvert l'exil où il fuyait, et elle aurait rejoint son frère, — son frère, elle n'évitait pas ce mot, — parce qu'on ne meurt pas quand on aime, et parce qu'elle aimait! « Ah! que de mots! donne-moi ta bouche! »

Quand elle lui parlait ainsi, il s'extasiait, avec une tristesse. Il lui déplaisait, presque, — car rien d'elle ne pouvait lui déplaire tout à fait, — qu'elle rappelât les jours où ils s'étaient aimés sans avoir le droit de s'aimer. Pourquoi ne pas penser seulement à leur joie récente, permise, si délicieuse ? Il lui restait ce chagrin que leur amour eût été un crime ; il aurait voulu que, dans l'innocence retrouvée, Stéphana oubliât, elle aussi, le péché de jadis. Mais cet ombre s'évanouissait vite. Stéphana était si victorieusement belle ! Elle lui mettait, avec tant de tendresse dominatrice, son

regard dans les yeux, son souffle sur la lèvre !
L'idée qu'il dormirait, tout à l'heure, la tête entre
les seins de Stéphana, lui versait dans le cœur un
infini d'ivresse.

Ils avaient, dans le Nord froid et charmant, une
heureuse vie. Le luxe rare du palais que l'on fit
solennel pour une fille de roi et joli pour une enfant, les grandes salles décorées de fresques, où
traînait la robe princière de Stéphana, et les délicates chambres aux murs ornés de pastels, pareilles
à des boudoirs de poupée, où Stéphana s'occupait
à de menus ouvrages, était petite fille, comme une
reine consentirait à des bergeries de Trianon ; le
pâlissement des vieilles tapisseries et le lointain des
corridors, la grâce des ameublements où rit la frivolité des étoffes, et l'imprévu, dans les coins, des
miroirs souriants ; la lenteur discrète des valets en
cheveux gris, l'étourderie des jeunes caméristes, les
antiques livres, ces aïeux de l'esprit, les livres récents, presque des camarades, le piano d'Érard où se
meurt le réveil des mélancoliques musiques d'autrefois, où sautillent les rythmes des chansons
nouvelles, formaient le décor auguste, frivole
aussi, du drame tendre de leurs amours. Puis ils
s'en allaient, souvent, à cheval, ou dans l'une de
ces étroites voitures que les paysans norvégiens
appellent des karriols, vers la vallée, s'arrêtant aux

pauvres chaumières de bois peint, car le bonheur conseille la charité, s'amusant des danses dans la cour des fermes, familiers, devant les auberges, avec les buveurs de bière blanche, qui se levaient et saluaient. Stéphana avait souvent ce caprice de se promener sur la montagne d'où l'on voyait la noirceur profonde du fjord. Mais Léopold n'aimait pas cette tristesse des choses, qui le faisait songer à ses tristesses de naguère. Une fois qu'ils étaient arrivés, par le sentier qui zigzague, jusqu'à la pointe du promontoire entre la mer et la mer, elle dit, regardant le sépulcre : « C'est ici, n'est-ce pas, que nous dormirons ensemble ? » Il lui ferma, d'un baiser, la bouche. Que parlait-elle de mourir, puisqu'ils s'aimaient, puisqu'ils étaient l'un à l'autre ? Elle rêva, elle répondit : « Justement ». Mais il ne voulait pas qu'elle s'inquiétât du tombeau. Il aurait préféré qu'elle le suivît moins rarement dans la petite église ; pourquoi ne pas prier ? pourquoi ne pas remercier le ciel du ciel que l'on a sur la terre ? « Oui, disait-elle, vous êtes toujours dévot, un peu. » Elle avait alors, dans la voix, avec tant de douceur, presque de l'ironie ; c'était, malgré elle, le ton vaguement dédaigneux d'une royale thésauriseuse, fière de ses coffres pleins de monnaies d'or et de pierreries, qui parlerait à un pauvre homme soucieux d'une petite épargne. La foi ? la piété ? elle avait de bien autres richesses ; elle avait la religion violente de l'amour, prête aux extases, capable du martyre ; un dieu ? oui, son amant ; elle le regardait comme on contemple, elle l'aimait comme on adore. Elle voulut, dans un passionné désir de périls partagés, monter avec lui, malgré la rudesse des rocs amoncelés par le hasard des bouleversements, malgré la traîtrise des neiges qui se crevassent sous les pas, jusqu'à la cataracte de Skeggeldalfoss qui s'éboule effroyablement dans l'abîme en quatre torrents d'écume et d'avalanches ; ils côtoyèrent ensemble le glacier pâle, le Burbroë, qui souffre sans repos et gronde en ses profondeurs, immobile et plein de tonnerres, pareil au couvercle démesuré d'un tumultueux enfer ; et les fleurs qui fleurissent ses bords, innombrables, touffues, plus charmantes d'être terribles, ce sont les aconits en ombelles blanches, les belladones dont les baies écarlates ressemblent à de la rosée gelée en rubis. Léopold ne pouvait s'empêcher de songer qu'elle était la sœur, peut-être, de ces fleurs, si belle et si redoutable ! Mais, elle, elle les cueillait joyeusement, avec des rires de familiarité comme une jeune demoiselle assemble un bouquet de marguerites des prés ; grave pourtant, même en ces enfances ; Proserpine de fleurs déjà infernales ; et quand elle en eut les mains pleines, les bras pleins: « Viens! » dit-elle, et elle lui buvait son souffle avec ravissement parmi les fraîches touffes vénéneuses. Mais leurs plus chères joies se recueillaient dans le palais solitaire, auprès des fenêtres ouvertes sur l'infini. C'était là, dans l'exil boréal, les longues tendresses sans trêve sous la caresse du long jour pâle, et même le sommeil ne disjoignait pas leurs baisers. Un soleil de minuit s'était levé dans leurs cœurs; il y avait toujours l'amour en eux, comme il y avait toujours la lumière autour d'eux. Mais l'ombre viendrait, à son tour, continue? dans le ciel, oui; dans leurs cœurs, non.

IV

Parmi cette joie, hymen des douceurs de Léopold et des ardeurs de Stéphana, un souci le troublait.

Il songeait au mépris lointain de Cardenac.

Que devait penser le paternel ami, sévère? La disparition du frère et de la sœur, c'était l'inceste avoué. Il est vrai que Léopold avait écrit : « Ne me condamne pas ! nous sommes innocents ! » Mais, cette innocence, il ne l'avait pas prouvée; il n'avait pas envoyé les lettres qui disculpaient son amour; pourquoi? parce qu'elles souillaient la naissance de Stéphana? oui, pour cela, sans doute. Puis, Cardenac, en son austérité roide et minutieuse, n'eût peut-être pas admis, comme suffisante, l'excuse offerte; peut-être aussi, défiant, n'y aurait-il vu qu'une supercherie. Léopold se disait : « Que pense-t-il de moi? »

Il avait une autre alarme; car il portait un cœur facilement inquiet, souvent importuné de scrupules. A son amour, que ne menaçait plus l'effroyable réprobation due aux unions incestueuses, il manquait encore une pureté. S'il n'était pas le frère de Stéphana, il était l'amant de Stéphana. Ne plus être maudit, oh! quel triomphe. Ce n'était pas assez : un besoin de bénédiction le tourmentait. Il se souvenait de son premier rêve, en sortant de la chapelle, sur la route de Castel-Lauterès! Que cette jeune femme fût sa maîtresse, c'était l'incomparable délice humain; mais, s'il l'avait eue pour épouse, ç'aurait été dans une paix parfaite, le commencement du paradis. Hélas! légalement, devant un magistrat, un tel mariage n'était pas possible. Il songeait souvent à cela, en regardant l'église, sur la sauvage hauteur. Comme elle était loin du monde, loin des coutumes, loin des objections de la loi! Il visita souvent le prêtre italien, doux homme, rêveur d'avoir vieilli, faible, enclin aux indulgences. Tandis que Stéphana brodait ou lisait, Léopold passait des heures dans le presbytère adossé à l'église; ou bien on les rencontrait, le prêtre et lui, dans les routes étroites, parlant tout bas, non sans animation. Ils devaient agiter une question très grave. On apprit tout à coup dans le pays que le nouveau propriétaire du palais avait remis à M. le curé un don en argent, considérable, pour les pauvres du pays. Enfin, il arriva que Léopold, un jour, s'approcha de Stéphana, d'un air ravi et timide. Quelqu'un qui entrerait dans le ciel, avec l'incertitude d'y demeurer, aurait un air pareil. Il lui parla bas, le front vers elle, un genou ployé. Elle parut très surprise. « Oh! l'enfant! oh! quel enfant vous êtes! » Puis, tendrement, en lui caressant les cheveux : « D'ailleurs, ce sera comme il vous plaira », dit-elle.

V

Par touffes, par ramilles éparses, comme si une rafale eût jeté là un jardin, des balsamines et des asphodèles jonchaient le parvis, la nef, le chœur, l'autel. Beaucoup de paysans et de paysannes se tenaient dans l'église, en habits de fête; une cérémonie catholique offrait à ces luthériens l'attrait d'un spectacle étrange, inconnu. Ils restaient debout, n'osant ni s'asseoir ni s'agenouiller, en leur ignorance des rites, regardant les saintes images, les Madones de bois pompeusement parées, avec le Bambin dans les bras, et le riche ostensoir de métal lumineux qui avait l'air à la fois d'une rose d'or et d'un éclair de cuivre. Les paysans portaient l'habit à larges revers, aux grandes basques flottantes, et leurs chapeaux, qu'ils tenaient à la main, laissaient pendre jusqu'aux dalles des rubans bleus, des rubans roses; grasses, blanches, sous des coiffes pareilles à des hennins galonnés d'argent, les paysannes regardaient la jonchée fleurie, en roulant leurs tabliers entre leurs doigts, s'inclinaient parfois à la dérobée pour ramasser une asphodèle ou une balsamine, mais elles la laissaient retomber, craignant d'être en faute. Tous attendaient, en un silence.

Les mariés entrèrent.

Dans le satin ruisselant d'une robe blanche qui s'attardait sur les dalles, entraînant des fleurs, la tête haute sous une couronne de diamants et de perles, Stéphana s'avançait, plutôt royale que virginale; un orgueil où il y avait du mépris et comme de la menace triomphait dans ses yeux obscurs; mais elle considéra Léopold à côté d'elle, et sourit, attendrie. Elle était si belle que les campagnardes joignirent les mains, se demandant peut-être si elle n'allait pas monter sur l'autel, et s'y tenir immobile, pour être priée.

Quand le jeune homme et la jeune femme se furent assis à côté l'un de l'autre, le prêtre survint, suivi d'un seul enfant de chœur. Ce prêtre, vieux déjà, marchait d'un pas qui hésite, les mains en avant, vacillantes ; on vit, quand il se tourna vers le couple nuptial, des yeux creux, cernés, étranges, doux pourtant, de malade ou de saint, où s'effarait la profondeur des longues rêveries dans la solitude.

La cérémonie commença.

Léopold priait.

« O vous qui êtes la toute-justice et la toute-miséricorde, considérez mon repentir, Seigneur ! je mets dans la poussière que foulent avec mépris les pieds des innocents et les pieds des justes mon âme longtemps coupable et mon cœur tourmenté. Je ne m'enorgueillis pas d'une innocence que j'ai due à vos mystérieux desseins ; j'avoue que la plus hideuse des tentations m'avait souillé ; et je ne suis sorti vainqueur de ma lutte contre l'immonde démon que tout sali de l'ordure de son étreinte. Oui, je ne vous ai remercié de m'avoir épargné l'inceste qu'en m'abandonnant à un péché à peine moins détestable. Je suis entré, sans être son époux, dans le lit de celle qui, par votre clémence, n'était pas ma sœur ! Je vous ai payé, en injure, mon salut. Oh ! pardonnez-moi, Seigneur ! Mais, en votre pitié, Seigneur, voyez quelles furent mes angoisses ; et que, si chacune de mes douleurs avait été une goutte de sang, j'aurais dû traverser, pour gagner le port, tout un océan rouge. Considérez aussi, en votre amour, combien nous nous aimons, nous qui venons vous demander, dans votre église, la rémission de notre faute et la sanctification de notre hymen. L'union que le monde détesterait, vous pouvez la bénir, vous qui savez que le même sang ne coule pas dans les veines de cette femme et de cet homme inclinés devant vous ! Sauvez-nous de l'impudicité, vous qui nous avez préservés de l'inceste ! Ne laissez pas votre œuvre inachevée ! complétez l'innocence que vous avez voulue en nous ! faites des époux, agréables à Dieu, des monstres que nous fûmes, presque ! Faites-en des anges aussi. Oui, ô toute-justice et toute-miséricorde qui souriez dans votre paradis aux augustes couples angéliques, faites de nous, sur terre, des époux, pour que nous ne soyons pas indignes d'être des époux dans votre ciel ; agréez que notre bref hymen, ici-bas, soit les fiançailles de nos éternelles noces, et bénissez-nous sur les premières marches de l'escalier d'amour qui monte, qui monte vers vous, Seigneur ! »

L'officiant les ayant avertis, ils échangèrent les alliances.

Léopold, bien qu'il n'eût pas vu le sourire, à ce moment, de Stéphana, frémit. Il se souvenait que, dans des chambres pleines de sales odeurs, à côté de lits infâmes, il avait eu la vision de ces anneaux échangés. L'idée lui vint que cette cérémonie, où Dieu avait l'air de parodier Satan, n'était que l'antique tentation, renouvelée! Mais il triompha très vite de la mauvaise pensée, et il courba la tête, racheté, heureux, paisible sous la bénédiction, qui, par ce prêtre, descendait du ciel.

Tous les rites achevés, ils sortirent de l'église à travers le recueillement de la foule. Ils regagnèrent en silence leur demeure; la douceur du jour, tendre et caressante comme un consentement, continuait la bénédiction divine; et ils entrèrent dans leur chambre d'amour pour la première fois conjugale.

VI.

Après ce mariage, toute inquiétude sortit du cœur de Léopold. Que son bonheur fût son devoir l'enveloppait d'une sérénité infinie ; il était avec Stéphana, dans ce bonheur sacré, comme dans une église dont on aurait épousé la sainte ; et il connaissait, avec les emportements des baisers, l'immense joie de la paix parfaite.

Un contretemps survint.

Pour régulariser, par un acte définitif, l'acquisition de l'ancien domaine royal, M. de La Roquebrussane dut se rendre à Bergen ; et comme aucun des paquebots qui font régulièrement le service de la côte ne passerait avant deux semaines devant l'Hardangerfjord, il lui fallut se résoudre à gagner la ville par les plaines et les forêts. Mauvais chemins, où le voyage s'attarde. Ce fut un soir de juillet qu'il partit ; un soir, par l'heure, non par l'ombre ; le crépuscule de l'année tarderait encore à monter vers les glaciers et les cimes de neige. Il partit à cheval. D'une fenêtre du palais, Stéphana lui envoyait des baisers ; elle agita longtemps vers lui, haute et blanche, l'adieu de ses grands cheveux sombres.

Derrière son vieux port, empuanti de poisson rance et de goudron, où les navires marchands viennent chercher des cargaisons de harengs et de morues, où l'on radoube les steamers que défoncèrent les glaçons détachés des banquises, Bergen, éparpillée au loin sur un sol inégal, escalade des pentes, s'éboule dans des crevasses, remonte, redescend ; vieille, neuve, avec la boiserie sculptée et peinte de ses décombres et les façades de brique de ses maisons récentes, avec sa forteresse auguste et renfrognée comme une antique vierge et ses fabriques sales comme des ouvrières noircies par la fumée du charbon, avec ses matelots du Nordand, vêtus de peaux de phoques, et ses touristes anglais habillés de vestons à carreaux, avec ses paysannes aux corsages allumés de verroteries, aux coiffes de batiste, qui grouillent dans les marchés, et ses juifs allemands, lunettes et redingotes, assis derrière le comptoir des boutiques, avec ses mendiants qui psalmodient la légende des Aigles-Blancs du Dovre-Fjeld, et ses orchestres de cuivre braillant des polkas et des quadrilles derrière le treillage des jardins-brasseries; la ville des fjords, où les rafales du pôle déchirent sur tous les murs des affiches de bazars et de théâtres d'opérettes, mêle, en un désaccord brutal d'aspects et de bruits, la sauvagerie pittoresque du Nord à la civilisation de partout; et le lointain du monde s'y déshonore dans le tumulte banal de la rue affairée.

Toutes les formalités remplies chez l'un des notaires de la ville, M. de La Roquebrussane regagnait d'un pas rapide l'auberge de faubourg, où il avait laissé son domestique et ses chevaux; il avait hâte d'être hors de ce brouhaha, de cette foule, de se retrouver dans le silence de la solitude, près de Stéphana, près de sa femme; il longea la nouvelle Bourse, bâtie de briques, pleine de cris, le vieux Théâtre construit de planches, tout bariolé d'affichages. Devant la salle à manger vitrée d'un hôtel, un groupe de gens, matelots de vaisseaux à l'ancre, aux bonnets goudronnés, pêcheurs de morue en tabliers de cuir luisants d'huile et verdis d'eau de mer, des campagnards, des bourgeois, quelques marchandes ayant quitté leurs boutiques, considérait un attablement d'hommes et de femmes, eux, le menton bleu, elles, la face blême et peinte, qui mangeaient, levaient leurs verres avec un air de porter des santés. Et il y avait, parmi le groupe des regardants ces paroles mêlées : « Ce sont les comédiens ? — Oui. Ils ont joué à Drontheim. Je l'ai lu dans le journal. — Des Suédois ? — Non, des Français. — Alors ils viennent de Paris ? » Léopold allait faire un détour pour ne point traverser l'attroupement, lorsqu'une des femmes attablées dans la salle s'approcha du vitrage dans un renversement de chaises, et se mit à la croisée, lourdement. Elle était grande et grasse, énorme ; la face bouffie sous un tas de gros cheveux rouges, déteints, elle se penchait, dans une robe mal fermée ; c'était Loulou Antoine, plus pesante, vieillie, avec l'air d'être soûle, ignoble ; elle se pencha en étendant le bras, comme pour haranguer la foule, et l'on eût dit qu'elle allait, par son corsage ouvert, vomir sa gorge.

Léopold recula comme s'il eût reçu un paquet de boue à la face ! Cette fille dont il avait été l'amant, — dans quelles affreuses nuits ! — était là, toute proche. Que lui voulait ce surgissement d'une douloureuse honte, si près de son pur bonheur ? Il demeurait stupide, comme devant un hideux miracle.

Il se remit cependant. La présence de Loulou, à Bergen, avec des acteurs de France, de Loulou, chanteuse, cabotine, était, quoique singulière, assez naturelle en somme. Puis, quoi de commun désormais entre cette fille et lui? Il haussa l'épaule, suivit son chemin.

Loulou Antoine l'avait reconnu, et l'appelait par son nom.

Ah! ceci était absurde. Il se hâta de s'éloigner. Mais il eut l'idée que, s'il feignait de ne point entendre, elle allait lui courir après, l'empoigner par le bras devant ces gens, lui parler à haute voix, le tutoyer! Allons, il fallait se délivrer d'elle, tout de suite, en quelques mots. Il revint sur ses pas, entra dans l'hôtel, dit en essayant de sourire : « Oui, oui, c'est moi! que me voulez-vous? » et la suivit dans une chambre voisine de la salle à manger; ne pas s'offrir en spectacle à ces comédiens, être seul avec elle, cela valait mieux; mais il eut beaucoup de peine à l'empêcher de lui sauter au cou ; car, tout à fait grise, elle était tendre. « Ah! bien, tu n'es pas gentil, par exemple! » Comment? voilà la mine qu'il lui faisait, après une si longue absence? Ils se rencontraient, tout à coup, à six cents lieues de Paris, — c'était drôle, tout de même, de se retrouver en Norvège! — et il ne voulait pas seulement se laisser embrasser! Elle comprenait. Parce qu'elle était laide à présent? Dame, tant de voyages! tant d'aventures! il ne pouvait pas se figurer les ennuis par où elle avait passé! En Espagne.... Au fait, est-ce qu'il savait qu'elle était allée en Espagne, avec la Marchisio et avec Paul? elle pouvait bien lui avouer, maintenant, qu'elle avait toujours eu un faible pour Paul, à cause d'un petit banc, toute une histoire. En Espagne donc, commencement des malheurs. La Marchisio avait trouvé de l'argent, mais Paul s'était brouillé avec sa mère. Alors, elle, Loulou, et Paul, restèrent sans le sou; ils auraient crevé de faim s'ils n'avaient trouvé un engagement, dans un café-concert, à Bayonne. Elle chantait, Paul faisait des tours de cartes. Il avait toujours été adroit de ses mains comme un singe. A eux deux, sept francs de cachet. Ensuite, on leur proposa une grande tournée, au Brésil, avec une troupe d'opérette; des appointements superbes, et un voyage magnifique; enfin une très belle affaire, si le directeur ne les lâchait pas en chemin. « Partons-nous? » Ils partirent. Paul devait jouer du violon dans l'orchestre; il ne savait pas, il apprendrait pendant la traversée. Mais le directeur les laissa en plan, en emportant la caisse; et Loulou, à Rio-Janeiro, faillit mourir de la fièvre jaune. Ça ne l'avait pas embellie! « Joliment changée, n'est-ce pas? » Enfin, c'était comme cela. Heureusement, le consul de France avait payé leur passage à bord d'un navire en partance pour le Havre. Mais, à Paris, on ne se souvenait plus de Loulou Antoine! Pas moyen de gagner un sou, ni à l'Eldorado, ni à l'Alcazar. Paul se serait peut-être réconcilié avec sa mère; continuation de la chance : la Marchisio venait de partir pour la Roumanie avec le docteur Jaïcza-Cabardès. « Non, pas pour la Roumanie, pour un autre pays, le même nom à peu près. » Ce qu'ils étaient allés faire là-bas, personne ne le savait au juste; il y avait même des gens qui disaient que le docteur n'était pas parti du tout, qu'on l'avait mis à Mazas, parce qu'il avait inventé une baguette magique pour découvrir les trésors cachés; on racontait aussi que la Marchisio tenait des bains turcs, à Passy; mais la police ne le savait pas. Enfin, plus de famille! alors, Loulou et Paul avaient recommencé à faire des tournées, en Belgique, — dans les petites villes, — en Allemagne, plus loin, à Bucharest, à Odessa. Du succès partout! Paul, maintenant, était ténor. Oui, du succès, mais pas de recettes; les fois qu'ils avaient couché à la belle étoile, mis à la porte des hôtels, elle ne les comptait plus. Dernièrement, à Copenhague, ils s'étaient crus sauvés; elle avait failli épouser un grand seigneur, très riche; il parlait aussi d'adopter Paul; l'affaire ne s'était pas faite, grâce à une petite qui voyageait avec eux, maigre comme un clou, et méchante ! « Figure-toi, un soir, le grand seigneur me cherchait dans les coulisses ; elle a ouvert la porte de ma loge juste au moment où Paul, pas habillé, était assis sur mes genoux. C'est ça qui a fait manquer le mariage, et l'adoption » Et, à présent, les affaires n'allaient pas, oh ! pas du tout ; à Christiania, personne dans la salle ; à Drontheim, les frais tout juste. Qu'est-ce qu'on ferait à Bergen ? Elle n'avait pas confiance ; sûrement les artistes n'auraient pas de quoi s'offrir à souper après la représentation. « Aussi je m'en suis fourré jusque-là, ce matin. Une chienne de vie, hein ! tout de même ? Mais toi, tu es toujours riche, dis ? »

M. de La Roquebrussane attendait avec impatience la fin prévue de tout ce bavardage. A la bonne heure. Un service rendu à Loulou Antoine lui permettrait de se retirer, sans trop de rudesse, comme quelqu'un qui se dérobe à la reconnaissance d'une obligée, et cette sotte rencontre n'aurait pas de suites fâcheuses. Il avait tiré un portefeuille de sa poche ; mais, comme il l'entr'ouvrait sous les yeux déjà ravis de Loulou, Paul Marchisio entra dans la chambre, toujours joli, toujours mignon, plus chétif, anémié ; il avait le bord des yeux rouge et la face glabre, avec une pâleur de fille défardée.

— Ah ! bah ! mon oncle ! s'écria-t-il dans un rire de surprise.

Mais il cessa très vite de rire ; il avait un air de gêne, de honte.

— Non, Monsieur, je vous prie de ne pas nous donner d'argent.

Puis à Loulou, d'une voix presque dure :

— Toi, va-t'en. J'ai à parler à M. de La Roquebrussane.

Quand ils furent seuls :

— Monsieur, reprit Paul Marchisio avec une gravité qui ne lui était pas ordinaire et où il y avait une mélancolie, je vous supplie de ne rien m'offrir en échange du bon office que je vais vous rendre. Pour la première fois je fais quelque chose qui est une honnête action ; je ne voudrais pas qu'elle me fût payée.

Léopold le regardait très surpris de ce ton et de cette tristesse douce qui paraissait sincère.

Paul Marchisio continua :

— Je vous jure que si j'avais été instruit à temps du complot qui a été tramé contre vous, je vous en aurais prévenu ; mais l'infamie était achevée quand elle me fut connue. Et je vous jure aussi que je vous ai cherché très longtemps, pour vous dénoncer la machination dont vous étiez victime ; vous aviez disparu, sans laisser de trace. Aujourd'hui je vous rencontre. C'est un heureux hasard qui vous a conduit dans cette ville, dans cet hôtel. J'espère qu'il n'est pas trop tard pour réparer le mal qui a été fait.

— Quel mal? dit M. de La Roquebrussane, qui donc m'a fait du mal?

— Ma mère.

— Votre mère? La Mar......

— Oui, la Marchisio.

Léopold, malgré lui, avait frissonné. Pourquoi? Il n'aurait pu le dire.

— Je ne comprends pas.

— En effet, vous ne pouvez pas comprendre. Écoutez-moi. Quelques mots seulement. Je pense que vous avez hâte de sortir d'ici. Ma mère, Monsieur, avait toujours eu l'espérance absurde que votre fortune m'appartiendrait un jour, que j'hériterais de vous; pour vous détacher d'une personne qui seule avait des droits réels à votre affection, elle a usé d'un odieux stratagème.

Léopold, les mains en l'air, tremblantes, ouvrait la bouche, écarquillait les yeux, pâlissait affreusement, des gouttes de sueur au front! Mais Paul, la tête basse, ne le voyait pas. Il poursuivit :

— Ma mère vous a dit qu'un danseur italien, appelé Stéphano, était venu à Paris quelque temps après le mariage de votre père avec Gisèle d'Erkelens; elle a menti; ce Stéphano est mort à Palerme, il y a plus de vingt-cinq ans. Elle vous a montré, elle vous a donné des lettres adressées à Gisèle et signées Stéphano; ces lettres, c'est ma mère qui les a écrites; ces lettres sont des faux et des calomnies. Ainsi, Monsieur, remettez-vous l'esprit en repos; si vous avez commis quelque injustice, réparez-la. Mlle de La Roquebrussane est bien votre sœur; et moi je serais peut-être un honnête homme, si je n'étais pas le fils de la Marchisio.

Un râle déchira la gorge de Léopold qui s'abattit sur le plancher, roide, tout de son long, comme assommé.

VII

Léopold s'éveilla. Il lui sembla qu'il sortait d'un très long, très long sommeil, obscur, profond, sans rêve. Quelqu'un qui ressusciterait après un immémorial séjour dans la tombe, n'aurait pas plus d'étonnement de vivre ni l'impression de plus d'ombre derrière soi. Pourtant, il avait dû se coucher hier soir, à l'heure accoutumée; et des bougies, dans un candélabre, n'étaient consumées qu'à demi. Il regarda autour de lui : il était bien dans sa chambre; Stéphana dormait dans leur lit, comme d'habitude, si grande, si belle, avec la rougeur un peu ouverte de sa bouche, et ses seins droits et nus comme des écueils de neige parmi le fleuve noir des cheveux. D'où lui venait donc cette pensée étrange, nette comme une certitude, qu'un considérable espace, distance et durée, séparait la minute présente de celle où il avait fermé les yeux, il ne savait où, il ne savait quand? Allons, il rêvait, se croyant éveillé; ou bien, éveillé en effet, l'oubli d'un songe récent lui creusait dans l'esprit cette lacune obscure. Il replaça sa tête sur l'oreiller. Il considérait machinalement les deux hautes fenêtres en face de lui. C'était singulier : aucune lueur ne glissait à travers les rideaux. D'ordinaire, malgré l'épaisseur des étoffes, le jour du ciel boréal blanchissait vaguement le tapis. Que se passait-il donc? Lentement, silencieusement, craignant qu'un mouvement ou qu'un bruit tirât Stéphana de cet heureux et beau sommeil, il se leva, marcha vers l'une des croisées, écarta le lourd satin chargé d'or... L'ombre! l'ombre! et tout le ciel était criblé d'étoiles!

Mais, alors, puisque le soleil s'était couché, puisque la nuit polaire était venue, des mois, des mois entiers, plusieurs mois avaient passé depuis... depuis quand? depuis quoi? il ne se rappelait ni une date, ni un fait. Cependant, beaucoup de temps s'était écoulé puisqu'il faisait nuit! Rien de plus sûr, rien de plus incontestable. Son esprit, son corps, tout lui-même, où avaient-ils été, pendant ce temps ? avait-il été fou ? avait-il été mort ? Il tremblait. Il se dit : « Éveillons Stéphana. » Elle le rassurerait, lui expliquerait ces choses. Il se rapprocha du lit, se pencha vers elle......

De ses deux mains sur sa bouche, il étouffa un cri ! Il se souvenait ! il se souvenait ! oui, du voyage à Bergen, de Loulou, de Paul Marchisio, des affreuses paroles entendues, et du bruit de sa chute sur le plancher d'une salle. Puis plus rien. De l'obscurité, du silence, le vide. Mais ce qui avait eu lieu, il le devinait. Des gens, à Bergen, l'avaient reconnu; ou bien son domestique, surpris de ne pas le voir revenir, l'avait cherché, l'avait trouvé dans l'hôtel des comédiens ; et on l'avait transporté chez lui, en catalepsie, ou en démence. Et du temps avait passé. Et maintenant, après des mois, il se réveillait de cette insensibilité ou de cette folie — dans le lit de sa sœur !

Sa sœur !

Oh ! c'était l'épouvantable retour de toutes les tortures d'autrefois, avec cet enfer de plus : la certitude, — l'irréfutable certitude, — de l'abomination accomplie.

Sa sœur ! sa femme.

Voilà. Rien de moins. Il n'y avait pas à revenir

là-dessus. Nul ne pouvait faire que ce qui avait été n'eût pas été. La monstruosité se parachevait jusqu'à la perfection. Il avait tenu sa sœur entre ses bras, durant tant de nuits, pas en rêve! il l'avait baisée aux lèvres, vraiment, il l'avait possédée, réellement, possédée, possédée encore. L'ignominieux enchantement s'était prolongé des soirs aux matins, avait été l'habitude adorable des réveils. Et, à présent, il voyait, tout près, sur ce drap, offerts avec la sereine impudeur des épouses, la gorge et les flancs nus de la fille de son père!

Innocent cependant. Mieux qu'innocent! méritoire et glorieux comme un martyr à cause de ses suppliciantes résistances. Mais résister, ne pas vouloir, dire non, fuir le vertige, monter, monter, n'avait servi de rien : il était monté! jusqu'à la chute. Juste Dieu! tous ces pièges, qui donc les lui avait tendus? quelle méchanceté inconnue avait prémédité de le perdre par des ruses de Scapin et des supercheries de Mascarille? de quelle comédie médiocre, infernale pourtant, était-il le héros bafoué? à qui prêtait-il à rire? Et il lui semblait aussi qu'il avait été l'enjeu, dans quelque diabolique tripot, d'une partie de dés où l'un des joueurs tricha, en ricanant, pour gagner une âme. Eh bien! n'importe! Dieu l'avait laissé sans secours; Dieu avait toléré les machinations du tentateur, avait eu l'air d'y sourire, comme s'en divertissant; Dieu, sans pitié, n'avait pas foudroyé le lit de l'incestueux amour; Dieu, sans miséricorde, n'avait pas foudroyé l'église des incestueuses noces; n'importe! lui, homme, et faible, dévoré de désirs pour cette femme nue, il ne consentait pas à sa défaite; il refusait au déloyal vainqueur son adhésion au crime consommé; il ne commettrait pas, conscient, ce crime; il garderait jusqu'à la fin, intacte comme jusqu'à ses jours, l'innocence de sa volonté! Il se refusait, enjeu vivant, au fripon qui le gagna.

Que voulait-il faire?

Partir.

Oui, partir à l'instant. Pas même un adieu.

Il s'habilla sans bruit; il ne regardait pas la couche; il marcha vers la porte.

— Mon amour, où es-tu? dit lentement la dormeuse en tâtant les oreillers, dans le doux bâillement d'avant le réveil.

Il se retourna, cette voix lui entrait dans la poitrine, lui tirait le cœur du côté de Stéphana.

— Oh! s'écria-t-elle, comme tu es pâle, tu souffres? tu souffres donc encore! ce n'est pas fini, ces affreuses crises, qui t'exténuent et qui me tuent? on te croyait guéri, tu étais calme, — Léopold, ne me regarde pas avec ces yeux effrayants! — les médecins disaient que tu étais sauvé, la raison, après la santé, allait te revenir, bientôt, sans secousse, et voilà que tu es malade encore, et que tu m'épouvantes!

Elle s'était levée; elle se dirigeait vers lui; ses belles épaules blanches, et sa gorge, sortaient de sa chemise.

— Voyons, sois raisonnable, mon Léopold. Viens. Ne t'exaspère pas. Sois raisonnable. Reviens, reviens te coucher. C'est le repos et le sommeil qui doivent te guérir.

— Mais couvre-toi donc, malheureuse! dit-il en ramassant des jupons, une robe, et en les lui jetant!

Elle le considérait, très surprise. Il lui semblait qu'il extravaguait encore, mais d'une autre façon. Elle interrogea, l'œil fixe :

— Qu'as-tu?

— Ne le demande pas. Je pars.

— Tu pars!

— Oui.

— Ah! tu es toujours fou!

— Non, guéri. Les médecins avaient raison. Guéri. Ai-je été furieux comme un homme ivre ou stupide comme une bête brute? je n'en sais rien. Je renais, je revis. Je suis sûr de mon être et de ma pensée. Je pars.

— Voyons, je ne comprends pas. Nous partons ? où allons-nous ?

— Je pars seul.

Elle cria :

— Qu'est-ce que tu dis ? tu veux me quitter ! tu me quittes ! ce n'est pas vrai. Me quitter ? toi, moi ? allons donc, tu as le délire.

— Adieu !

Léopold s'était rapproché de la porte. Stéphana s'élança et se dressa devant lui. Elle avait dans le flamboiement de ses yeux, dans son geste, dans toute son attitude, cet empêchement de fuir qu'un archange mettrait à la porte de l'enfer.

— Tu vas me répondre. Pourquoi veux-tu partir ?

Il hésitait.

— Parce que je suis ton frère ! gémit-il en un débordement d'irrésistibles sanglots.

Elle croisa les bras.

— Eh bien ! après ? dit-elle.

Il crut avoir mal entendu : elle ne pouvait pas avoir proféré cette parole. Il était impossible qu'elle ne fût pas terrifiée et consternée comme il l'était lui-même.

Mais elle continua de parler, brutalement :

— Crois-tu donc avoir été muet pendant ces trois mois de maladie et de démence ? je sais tout. Les mensonges de la Marchisio, — auxquels je n'avais jamais cru, moi! — et l'aveu de son fils. Tu es mon frère, en effet. Oui, mon frère. Mais ce n'est pas une raison pour partir, — à moi ? que tu ne m'emmènes.

— Tu dis cela!

Il tremblait.

— Je dis que je t'aime, et que je te garde! Ta sœur? soit! mais ta maîtresse. Parce que je suis la fille de ton père, en suis-je moins ta femme? qu'est-ce que cela fait à notre lit d'amour que j'aie été conçue dans le lit de l'homme qui t'engendra? Une chose vaut qu'on y songe, vaut que je vive, tant que je t'ai, vaudrait que je mourusse, si je ne t'avais plus, c'est que tu a baisé mes lèvres! le reste, ce sont toutes les choses qui ne sont point: l'inutilité, la chimère, l'absence, le lendemain des pas sur le sable. Je t'aime, et nous dormons ensemble! voilà ce qui est et mérite d'être. Et puis, qui sait, poursuivit-elle avec un obscur sourire, si tu ne devrais pas bénir, toi qui m'aimes, — car tu m'adores, ô mon amour! — l'inceste que tu exècres. T'aurais-je voulu avec la même ferveur, s'il m'avait été permis de te vouloir? Ne dois-tu pas, peut-être, l'excès délicieux de mon désir à ma colère contre tes remords? Toi-même, — descends au fond de ta pensée, interroge l'inavoué de ton être, — toi-même, tu m'aurais moins aimée si ton amour ne t'avait pas semblé un crime. Oui, tu m'avais rencontrée, dans une église, ignorant qui j'étais, et une tendresse t'était venue, très vague, rêverie d'un voyageur par un beau jour d'été ! pas même une amourette ; la première brise eût éteint cette flamme de fétu. Mais nous nous sommes vus, nous connaissant : et, alors, nous nous sommes aimés, avec passion, parce que nous n'aurions pas dû nous aimer. Nous avons été unis par l'effroi de ne pouvoir l'être ; joints par la nécessité de l'éloignement ; mariés par le divorce. Ah ! ne dis pas non, ne parle pas de tes luttes, de tes fuites ! Oserais-tu jurer, — devant ton Dieu ! — que tu ne gardais pas en toi, toujours plus chère, toujours grandissante et l'espérance de la chute ; que tes résistances, en vain sincères, n'avaient pas pour but d'obliger ton amour à une plus difficile et plus magnifique victoire ? Tu as bien vite cru au mensonge de la Marchisio ! Si tu avais été sûr, absolument, d'avoir eu raison de t'en laisser convaincre ! il t'aurait paru suffisant à convaincre les autres, et tu n'en aurais pas fait mystère à Cardenac, à cet homme perspicace, que tu redoutes, et que tu détestes, n'est-ce pas, à cause des bons conseils qu'il t'a donnés ? Avoue toi donc que tu t'es hâté de saisir une excuse, la première venue, offerte à ton bonheur ; et avoue aussi qu'il eût été moins suprême, ce bonheur, qu'il n'eût pas crié, râlé et pleuré de joie sur ma chair, s'il n'avait été exacerbé par le souvenir honnêtement maudit des convoitises qui furent incestueuses, et par le peut-être, encore, du crime ! Mais, en vérité, dit Stéphana en un violent éclat de rire, je pense qu'à t'avoir eu, fou, dans mes bras, durant tant de nuits, je suis devenue folle à mon tour. Je parle de crime ! Quel crime ? qui m'expliquera en quoi et pourquoi c'est un crime de se posséder, frère et sœur ! un crime ? non, s'ils sont jeunes, s'ils sont beaux, le frère et la sœur, et s'ils s'aiment. Pourquoi l'unité d'origine, la proximité des naissances s'opposeraient-elles à l'hymen dont elles furent comme le commencement, et le conseil ? Non, c'est bien plutôt une prédestination au lit conjugal que la parenté des berceaux. Le besoin de se mêler est plus naturel et plus légitime aux âmes, aux cœurs, aux corps fraternels ; et, moi, souvent, moi, dans nos radieuses nuits, j'ai pensé que si ton sang et le mien voulaient si impétueusement se joindre et se confondre, c'était parce qu'ils se souvenaient d'avoir été une seule vie dans les veines paternelles !

Hébété d'horreur, il reculait pas à pas, devant

le surgissement de cette âme, formidable et abject comme l'éruption d'un volcan de boue.

Stéphana allait et venait par la chambre, devant la porte, qu'elle gardait; la jeune fille, déjà sinistre, bouton de fleur infernale, qui épouvanta la mère Marie-Angélique, était plus sinistre à présent, en l'orgueil de son entière éclosion.

Elle parlait encore :

— Mais, enfin, qu'est-ce que tu crains? La réprobation des hommes? Ils sont loin de nous, ces juges; nul ne s'inquiète dans les villes où nous étions, de deux êtres disparus dans le lointain, dans l'exil, dans l'impossibilité du retour. D'ailleurs, à ces hommes, tas de petites infamies grouillantes, fourmillière de vices médiocres et de basses vilenies, je refuse le droit de juger la grandeur, coupable ou non, de notre joie. Ta conscience? Il fallait l'accoutumer à l'acceptation et à l'admiration de ta volonté, la dresser à lécher ton désir: le maître est un imbécile qui se laisse mordre par son chien. Est-ce Dieu qui t'épouvante? Je ne sais plus s'il existe, moi, depuis que je t'aime. J'ai fait descendre le ciel sur la terre et je l'ai mis dans mon lit, entre nous deux; je suis l'élue de ton baiser, la sainte de ton agenouillement; il n'y a pas d'autre paradis que notre amour. Et quand même ce Dieu, insulté par nos caresses, nous en réserverait d'éternels châtiments, acceptons-les, sans faiblir. J'aimerai les supplices que nous auront valus nos extases; et je veux bien de son enfer, si je l'ai mérité, longtemps!

En parlant ainsi, elle se dressait, rieuse et superbe, et elle s'approchait toute menaçante de tendresse.

— Oh! le démon, c'est toi! dit-il. Monstrueuse, monstrueuse créature! —

Mais, d'une voix ralentie, en laissant choir les étoffes dont il l'avait couverte :

— Eh non! dit Stéphana, puisque je suis si belle!

En même temps, plus proche encore, les bras ouverts, elle lui mit sous les lèvres sa gorge, qui se mouvait et s'enflait, désireuse.

Et elle riait.

Il la souffleta sur les deux joues! Puis, la repoussant, il se jeta vers la porte.

Un lent sanglot, derrière lui, comme d'une femme qui se meurt, le retint.

Il courbait le front, il ne voulait pas la regarder, jamais plus il ne la regarderait; mais il ne fuyait pas, il restait immobile, il avait l'air d'attendre; quoi? rien; il attendait.

— Léopold! dit-elle après un long silence.

Il se retourna, craintif.

Elle était grande et pâle comme une statue de

tombe, qu'on aurait mise debout. Mais, de ses profonds yeux fixes, deux larmes, longues, lentes, lui coulaient sur les joues.

Elle avait remis ses vêtements.

Dès qu'il l'eut regardée, elle tomba sur ses genoux. Son humiliation gardait la fierté d'un marbre qui s'écroule. Pourtant elle essayait de se faire très humble, elle tendit les mains vers Léopold, elle dit :

— Pardon. C'est vrai, je suis horrible. Vous m'avez frappée, vous avez bien fait. Vous auriez pu me tuer, vous n'avez pas voulu, vous avez eu raison : je ne valais pas la mort; il ne fallait, dans votre brutalité, que de l'insulte. Même il eût mieux valu me repousser seulement, du pied; un peu plus de mépris m'était dû. Si quelque chose pouvait excuser mes fureurs, mes blasphèmes, — car j'ai douté de la sincérité de vos résistances, Léopold ! — ce serait le désespoir où m'a mise l'idée que vous alliez partir, que je ne vous verrais plus; mais non, rien ne m'excuse; l'horreur que vous inspire notre crime commun, dont je suis seule coupable, j'aurais dû l'éprouver, bien plus que vous, moi, la criminelle. Vous n'auriez pas succombé, si je n'étais pas venue vers vous; mes lèvres sont allées au-devant des vôtres. Oh ! vous êtes seul innocent, et moi, qui aurais dû me prosterner devant Dieu et devant vous, solliciter, avec des larmes, sa miséricorde et la vôtre, je me suis enorgueillie de ma faute, j'en ai glorifié l'ignominie! J'ai dit d'affreuses choses : que toujours vous m'avez crue votre sœur, que vous avez commis volontairement le crime dont se torture votre conscience. Oh! pourquoi ne m'avez-vous pas craché au visage! Pardon. Vous voulez partir ? partez. Vous ne serez jamais assez loin de moi. J'ai été la tentation, la mauvaise pierre sous les pas, qui fait choir. Cherchez une route où vous ne rencontrerez pas ce caillou. C'est vrai, notre amour était infâme; ne m'aimez plus, oubliez que vous m'avez aimée. Je ne vous demande pas même de me dire adieu en partant. La seule chose que je réclame, c'est que vous m'imposiez des pénitences. Connaissez-vous des humilités, des supplices, qui, acceptés, me pourraient valoir que je fusse, un jour, moins indigne de votre pitié ? Je suis prête à tous les sacrifices. Ne plus vous aimer ? j'y consens. Oublier que nous nous aimâmes, je m'y efforcerai. Je pense que je ferai bien d'aller dans quelque couvent, où l'on me traitera mal, selon mes œuvres. Je resterai aussi longtemps qu'il vous plaira, dans la solitude, dans la prière. Peu à peu la paix se fera en moi. J'aimerai Dieu, ne vous aimant plus. Pendant beaucoup d'années, j'expirai nos fautes, — mes fautes! je ne me plaindrai pas si je souffre beaucoup, puisque j'aurai mérité de souffrir plus encore; et, enfin, je serai sauvée! il ne restera plus rien en moi de l'ancien enfer. Je serai redevenue ce que j'étais avant la rencontre dans le clos de pommiers. Je serai digne d'être votre sœur, — rien que votre sœur. Oui, le jour viendra où j'aurai de l'amitié pour vous. Eh bien! laissez-moi du moins cette espérance que, ce jour-là, vous voudrez bien revoir la fraternelle amie en qui plus rien ne survivra de l'incestueuse compagne. Vous m'accueillerez, épurée, sanctifiée. De calmes bonheurs, — Dieu y consentant, — pourront nous être accordés. Je serai heureuse près de vous, sans aucun regret, sans aucun souvenir de joie, et nous n'aurons jamais été que le frère et la sœur...

Était-elle sincère? Avait-elle le remords des mauvaises ivresses? Pensait-elle en effet que l'oubli, la paix leur seraient possibles un jour? Non, elle mentait. Elle lui offrait insidieusement cet avenir pur et tendre en l'espoir duquel il sentirait peut-être s'amollir ses colères et la rudesse de son remords. L'incliner à la promesse d'un retour, plus tard, dans très longtemps, ce serait déjà une victoire sur son projet de départ. De ce premier consentement à une autre faiblesse, à la faiblesse de demeurer auprès d'elle, — frère auprès de sa sœur, — d'assister aux repentirs, aux innocences reconquises, qu'elle promettait, il n'y aurait tout à l'heure que bien peu de distance. Et, comme elle était sûre, s'il restait, fraternel, quelques jours seulement, qu'il ne partirait jamais plus! Comme elle saurait, — patiente, peu à peu, sans apparence de l'avoir voulu, — faire renaître de leur chaste familiarité nouvelle, leurs voluptés d'autrefois! Comme le baiser de Léopold, sur le front de sa sœur, un soir, descendrait vite aux lèvres de sa maîtresse, et ne les quitterait plus!

Lui, cependant, il se sentait envahi d'une douceur à cause de ces prières, à cause de la voix qui priait. Stéphana l'avait épouvanté par l'insolence de ses blasphèmes; elle lui était apparue terrible! Voici qu'il avait moins de mépris, qu'il éprouvait moins d'effroi. Certes, il partirait ce soir même, dans un instant. Rien ne réussirait à le détourner de sa résolution. Mais, enfin, ne lui serait-il pas permis de songer, une fois parti, à des jours lointains où, rassérénés tous deux, ils pourraient se revoir sans péril, se regarder, se parler avec une irréprochable tendresse? Non, ce rêve ne lui serait pas interdit; et leur amitié, plus tard, n'en serait pas moins innocente si elle était attendrie d'un souvenir apaisé de remords. Une telle pureté, après une diabolique passion, ne serait pas sans exemple. Il n'est pas de vilenies dont les âmes, par la grâce, ne se lavent au point d'être comme si elles n'avaient jamais été souillées. Où donc avait-il lu l'histoire d'un homme et d'une femme, qui, au lendemain de débauches communes, se retirèrent dans la même solitude et y vécurent pendant beaucoup d'années, agréables à Dieu, saint et sainte, dormant sur un lit d'épines sans jamais se tourner l'un vers l'autre, ne mêlant que leurs prières? Il considérait Stéphana avec un acquiescement déjà à l'espérance qu'elle lui offrait...

Il frémit de la tête aux pieds, livide, l'œil fou.

Qu'était-ce donc? Que voyait-il? Quelle terreur nouvelle, plus violente que toutes les autres, le secouait?

Il allongeait un bras, il étendait une main, droit devant lui, vers elle; et sa main tremblait, comme celle d'un homme qui désigne quelque épouvantable apparition.

Elle frissonna, livide aussi, à cause de la direction de cette main. Pourtant, elle dit :

— Qu'avez-vous, Léopold?

— Oh!... oh!... oh!... ton ventre! bégaya-t-il, la main toujours étendue.

Elle ne répondit pas. Son sang, dans son cœur, était froid, se gelait. Elle prévoyait qu'il allait se passer quelque chose d'affreux. Elle ne savait pas ce qui arriverait, mais ce serait terrible, et définitif. Enfin, détournant la tête :

— Oui, c'est vrai, murmura-t-elle, je suis grosse.

Il hurla comme un chien blessé! Et se ruant vers la fenêtre, et la défonçant, il se jeta dans la nuit.

VIII

Il se releva, le front saignant, un bras lourd, rompu peut-être. Il se mit à courir droit devant lui, à travers les sapins bas, dans le vent, sous le grand ciel opaque blessé d'étoiles rouges. Comme jadis sur la route de Nemours il fuyait! mais ce qu'il fuyait à présent, c'était le crime irrémédiable, c'était l'horrible épouse sororale, et le ventre, oh! l'affreux ventre fécond. Il avait engendré dans le flanc de sa sœur! Leurs baisers s'étaient faits chair et sang, de sa chair et de son sang à elle, de son sang et de sa chair à lui, mêlés! Leur inceste germait!

Qu'en sortirait-il, de ce ventre? Courant toujours, il tomba, rebondit, courut encore, puis, tout à coup, il lança un strident éclat de rire! Un souvenir avait surgi parmi le chaos de ses épouvantes, et, dans l'essoufflement de sa fuite, il criait, il râlait : « Zo'har! Zo'har! qui espères des couches laborieuses après les effrayants baisers! qui guettes les ventres gros, attendant une sortie de monstres! qui veux les enfants indécis de quelle parenté ils nommeront leurs pères! qui approuves les difformités, les rampements, les ressemblances à des bêtes, les plaies, les lèpres, toutes les hideurs où s'incarne l'amour que tu conseillas ; qui incites les monstres à des accouplements d'où naîtront des monstres pires! » Mais, ces paroles, il ne croyait pas les proférer lui-même; non, elles le poursuivaient, sorties des arbres, des pierres, de tout le vent, de toute l'ombre ; elles étaient comme un cortège prophétique de malédictions. Oh! oh! quoi? devenait-il fou? ou le redevenait-il? La longue maladie de naguère, un instant interrompue, le reprenait-elle, triomphante, irrésistible, et l'hallucinant? Il entendit, à travers les voix, derrière lui, des pas, presque rares d'abord, et légers, comme d'un être à peine matériel, sautelant dans les cailloux, puis d'autres pas, plus nombreux, plus lourds, très nombreux, très lourds. A ce bruit de marche bientôt tumultueuse se mêlèrent des frôlements mous, comme si des chauves-souris s'étaient froissées, des glissements de reptiles, des grincements de griffes sur les pierrailles du sentier. Il devinait, il sentait, il était sûr qu'il avait sur les talons une cohue d'êtres innombrables et hideux, acharnés à le suivre. S'il était retourné, s'il avait regardé, — il fuyait, les yeux clos, la tête entre ses épaules levées! — il aurait vu d'abominables vivants, hommes nains, bêtes naines, celles-ci sans tête, ceux-là sans jambes et se traînant; il aurait vu, comme dans la cour des miracles de l'enfer, tous les estropiements, tous les inachèvements, toutes les difformités, toutes les purulences; il aurait vu, en une farandole de sabbat, des enfants-crapauds et des enfants-araignées, de petites hyènes et de jeunes loups faits de nœuds de vipères, et des sautèlements de macaques sur leurs ignobles fesses bleues, et, courantes aussi, des nourrices poilues, chèvres debout sur leurs pattes de derrière, qui, au lieu du lait d'un sein, donnent à boire à des nouveaux-nés pareils à de très petits vieillards, le pus, goutte à goutte, d'une plaie qu'elles pressent. Et il savait que tout ce pullulement sortait du ventre incestueux, là-bas! Il accouchait, il accouchait, le ventre gros de monstres! Et lui, le père, il avait derrière son épaule toute son abominable race, qui l'aimait, le suivait, allait l'atteindre, le toucher, lui sourire avec des bras au cou, lui faire des caresses ! Il se heurta contre une roche, voulut se redresser, l'essaya en vain, voulut crier, resta muet, sa bouche s'emplissant de sang qui lui coulait du front; et il s'acharnait à la pierre, cherchait, des ongles et des dents, une issue à sa fuite, tant il redoutait la filiale embrassade des monstres !

Il défaillit.

Quand il rouvrit les yeux, plus calme, un immense bruit froid emplissait l'espace nocturne. Avait-il donc marché, marché encore, pendant cette suspension de sa pensée, le corps toujours poussé d'un instinct de fuir? Il avait devant lui l'épouvantable abîme obscur vers qui se précipite en quatre torrents d'avalanches et d'écumes la cataracte de Skegeldalfoss. S'il avait fait un pas de plus, il serait tombé dans le précipice où tonnait la chute de l'eau. Ce tumulte énorme lui plaisait, l'apaisait; il n'entendait plus, dans ce fracas, le grouillement des monstres qu'il avait engendrés ; et une pluie de gouttes envolées froidissait la fièvre de son front.

Oui, plus calme.

Car il ne pensait pas.

Entre la paix du ciel et l'horreur du gouffre, pas plus vivant que les blocs de quartz et de granit écroulés autour de lui, il s'immobilisait, âme et corps, tout l'être, en une parfaite hébétude. Il regardait avec une fixité d'œil mort le tumultueux éboulement de l'eau et les humides fumées montantes.

Mais voici qu'il se mit à trembler de tous ses membres, comme une bête qui a peur.

Le Skegeldalfoss, tout à l'heure blanchissant dans l'ombre, flamboyait et rougissait à présent, quadruple niagara d'incendie et de sang qui écume; et des gouttes tombaient sur Léopold comme une pluie de feu. Il ne voyait pas, il ne savait pas qu'une aurore boréale derrière les monts s'épanouissait en une floraison prodigieuse de braises et de fusées et incendiait de son reflet l'énorme cataracte. Non, éperdu, affolé, ce qu'il voyait flamboyer devant lui avec des retentissements formidables comme si des tours de bronze s'écroulaient ou comme si des Elohim se battaient à coups de tonnerre, c'était la nuée vengeresse du Seigneur s'avançant vers les villes de l'abomination ! vers Sédôm, impure devant l'Éternel, qui disait à l'hôte des Anges : « Où sont les beaux voyageurs qui entrèrent chez vous, ce soir ? faites-les sortir, afin que nous les connaissions; » et vers Zéboïm, où les vierges refusent de s'unir avec les jeunes hommes et les épouses de concevoir, mais elles dorment ensemble, deux à deux, et se réveillent lasses ; et vers Gamora, pleine toute la nuit de hurlements et de bêlements parmi la musique des kinnors et le bruit des cymbales, car on y célèbre les mariages de l'homme avec la louve et de la femme avec le bélier ; et vers Adama, où les vivants baisent sur la bouche, dans les tombeaux qu'éclaire une horrible lampe nuptiale, la pourriture des mortes désensevelies ; et vers Zo'har, vers Zo'har, la plus belle et la plus infâme, ah ! la plus belle et la plus infâme, vers Zo'har, lit abominable et doux des filles et des pères, des mères et des fils, monstrueux lit royal du frère et de la sœur ! Et il voyait, à travers la splendeur sinistre de la nuée, s'ériger colossalement, sur ses pattes de derrière, la hideuse idole d'or, mâle et femelle, humaine et bestiale, barbue et mamelue, homme-chèvre, femme-bouc, s'unissant, bisexuelle et biforme, en un seul monstre qui se riait à lui-même de ses deux bouches semblables à des gueules sous une mitre d'airain allumée d'escarboucles ! Et lui, Léopold, sous les gouttes de lave flambante, lui, le jeune roi incestueux des peuples qui défient le seigneur Iavhé, il tenait entre ses bras Stéphana, sa sœur et sa femme, demi-nue, qui l'enlaçait, et, tandis que l'averse de feu, avec la grêle de soufre, tombait sur le palais en décembre, qui remuait comme un tremblement de terre, il criait vers le chérub d'Iavhé, ouvrant ses quatre ailes d'incendie : « Que nous importe ! nous triomphons, parce que nous nous aimâmes ! L'orgueil que ton dieu lui-même ne peut ravir au crime, c'est d'avoir précédé le châtiment. Toute peine vient trop tard. Rien ne saurait empêcher, puisqu'elles furent, les joies de l'hymen fraternel, et tu ne désaccoupleras pas notre enlacement d'hier ! » Mais non, non, non, il ne voulait pas crier ces défis, ces blasphèmes. Il s'humiliait, il s'agenouillait, il acceptait, il louait le châtiment. Ah ! que ces gouttes de lave avaient raison de pleuvoir sur ses cheveux, sur son front, sur ses lèvres obscènes. Qu'elle se hâtât, la nuée, de s'approcher, de crever tout entière, de l'envelopper et de le consumer ; il lui tardait que sa vie fût éparpillée en cendres maudites que disperseraient les vents. Et il se sentait poussé par les épaules vers le flamboyant désastre. Oh ! tous les monstres, sortis du ventre incestueux, tous les monstres qu'il engendra pour la honte de la terre et la colère du ciel, l'avaient rejoint, le poussaient, en l'embrassant, le poussaient encore, et il tomba dans le resplendissant abîme, vers l'écroulement furieux des quatre torrents de flammes !

IX

Quand les bûcherons qui avaient trouvé le cadavre de Léopold, déchiré, saignant, rompu, comme écartelé, au fond d'une ravine, entre les basses branches d'un sapin, l'eurent déposé dans le vestibule du palais, Mme de La Roquebrussane, — c'est ainsi qu'on nommait Stéphana — ne parut pas émue. Ses paupières battirent un instant, puis s'abaissèrent, voilant le regard. Rien de plus. Quand, se relevant, elles découvrirent ses yeux, ils étaient secs, soit que la veuve n'eut pas pleuré, soit que les larmes s'y fussent évanouies, comme des gouttes d'eau sur de la braise. Elle remercia ces braves gens de la peine qu'ils avaient prise, les congédia en leur remettant de l'argent, non sans avoir recommandé qu'on leur donnât à boire dans l'office ; c'est une lourde charge qu'un corps mort, ils devaient être las ; de bon vin réparerait leurs forces. Puis elle s'occupa des funérailles. Elle envoya ses valets et ses servantes cueillir sur les bords du Burbroë les sauvages fleurs mortelles de l'aconit et de la belladone, en fit joncher la chambre sépulcrale, dans le tombeau de granit blanc, sur la hauteur ; d'après les indications précises qu'elle lui fournit, un menuisier de Vossenvangen dut fabriquer en toute hâte un cercueil de forme et de dimension peu ordinaires, comme on n'est pas accoutumé d'en voir descendre dans les fosses ; elle fit graver, grossièrement, par un forgeron, sur la porte de fer de la sépulture, une épitaphe ; elle en dictait une à une les lettres : elles formèrent des mots français dont le forgeron ne comprit pas le sens. Elle seule dévêtit le cadavre, lava les caillots rouges des plaies, le parfuma, l'ensevelit. Elle ne proférait pas une parole ; elle faisait de lents mouvements ; elle avait l'air tranquille. Une seule fois une émotion la secoua : ce fut quand le prêtre de l'église voisine apparut, suivi d'un enfant de chœur : « allez-vous-en ! » cria-t-elle, avec un grand geste brutal; il tressaillit, chancela, se retira, plein de peur, la tête vacillante. Elle acheva les apprêts funèbres. Enfin, couché dans le cercueil dont le couvercle ne retomba point, le corps, sur les épaules des vieux domestiques silencieux, fut porté, entre des torches, péniblement, par l'escalier de roches et l'étroit sentier zigzagant, jusqu'au tombeau qui s'allonge à la pointe extrême du promontoire entre la mer et la mer. On le plaça, à l'intérieur, sur les dalles. Puis Mme de La Roquebrussane ferma la porte de fer, prit la clé, redescendit vers sa demeure. Elle avertit les valets et les servantes de quitter sans retard le palais, ensuite le pays; elle leur fit beaucoup de présents; quant à elle, elle partirait le lendemain pour la France: une barque viendrait la prendre au bas de la montagne, la conduirait à bord d'un paquebot qui devait passer devant l'Hardangerfjord. La valetaille, presque enrichie, n'en demanda pas davantage, obéit, s'éloigna vers la vallée en emportant des malles. Stéphana était seule. Elle s'assit devant le piano, joua de lentes musiques mélancoliques, et des musiques vives, dont les trilles éclataient de rire; parfois elle tournait la tête comme vers quelqu'un qui eût été là, debout, derrière elle, et demandait, d'un sourire, une approbation. Elle monta le large escalier, elle traversa, laissant traîner sa robe princière, les vastes galeries décorées de fresques, entra dans l'une des petites chambres ornées de pastels, prit sa broderie, broda. Puis elle revint dans la salle du rez-de-chaussée ; là, sous le chambranle de l'énorme cheminée où flambaient des troncs d'arbre, elle s'assit dans un fauteuil, à côté d'un fauteuil vide ; il y avait, à portée de sa main, une table basse avec des livres et une lampe. Elle lut des vers, à haute voix, sous le cercle lumineux de l'abat-jour. Les heures passèrent. Une horloge sonna dix coups. C'était l'instant où, naguère, avant la folie de Léopold, avant les tristesses, avant les fureurs, les deux époux avaient coutume de rentrer dans leur chambre. Elle se leva, prit la lampe, poussa la porte, mais au lieu de se diriger vers les appartements du premier étage, elle longea le vestibule, se trouva dehors, dans la nuit. La froidure était âpre ; elle n'y prit point garde. Elle tenait la lampe haute pour voir le chemin ; elle marchait dans la blancheur mouvante qu'arrondissait l'abat-jour. Elle commença de gravir l'escalier de roches ; il y avait derrière ses pas le long murmure de sa robe traînante. Elle montait encore. Elle suivit l'étroit sentier qui grimpe vers la pointe extrême du promontoire. Elle ne se hâtait pas. Elle cheminait paisiblement, la lampe à la main. Elle s'arrêta devant la porte du tombeau. Dans la haute solitude où s'élevait, vers le ciel sans étoiles, la plainte râlante de la mer, tout était sombre, hormis le sépulcre, qui était pâle. Elle mit la clé dans la serrure; le battant céda, vers l'intérieur. Elle retira la clé, la jeta au loin, dans les ténèbres. Mais, au moment d'entrer, elle vit au-dessus de la porte un crucifix de cuivre scellé dans la pierre, qui luisait vaguement. Le crucifix! Jésus! le Dieu réprobateur des baisers et des joies! D'un geste brutal, elle empoigna la croix, la secoua, l'arracha, la jeta sur le sol, la frappa du talon. Dans cette violence la lampe avait failli s'éteindre; la flamme se reforma, directe, immobile. Stéphana entra dans le tombeau et repoussa le battant de fer qui sonna sourdement. A présent, le voulût-elle, elle ne pourrait plus sortir de la tombe, elle était pour jamais à l'écart de la vie; et si les déchirements de la faim, si les affres de l'agonie lui arrachaient de lâches cris, nul ne les entendrait, ces cris! Elle ne pouvait plus se délivrer ni être secourue. Elle avança. Entre les planches de la bière ouverte, sous la jonchée de sauvages fleurs mortelles, Léopold, pâle, avec les yeux clos, avait l'air de dormir. Le couvercle du cercueil, profond, semblait un autre cercueil. C'était comme de funèbres lits jumeaux. Stéphana mit la lampe à terre, vers le chevet; et, lentement, elle se dévêtit. Les étoffes tombèrent avec un bruit soyeux; des blancheurs chaudes de chairs vivaient dans la pénombre tumulaire. Elle s'étendit à côté de Léopold. Elle prenait, à pleines mains, les pâles aconits, les rouges belladones, l'en couvrait, s'en couvrait, se rapprochait de lui parmi les caresses des fraîches touffes vénéneuses. Et elle mit ses lèvres à la bouche morte, en tirant sur le baiser le rideau sombre de ses cheveux. Puis elle ferma les yeux. « Bonne nuit, mon amant! bonne nuit, mon frère! » Et elle attendit délicieusement le sommeil de l'éternelle nuit incestueuse.

X

Un sloop de dix-sept canons, — la *Thule* — parti du port de Dunkerque, se trouva en vue des côtes de Norvège. Il portait sur sa guibre une Océanide peinte, aux yeux grands ouverts, qui regardait le Nord. Il naviguait sous le commandement du capitaine Georges-Nicolas Gourdan, de la marine française, avait à son bord quatorze officiers, quarante-trois hommes d'équipage et un seul passager. Il remonterait la côte norvégienne, dépasserait Bergen et Trondjem, franchirait le cercle polaire, ferait escale, non loin du Malstrœm, à Moskenesæe, l'une des Lofoden, relâcherait encore à Hammerfest, la dernière ville du monde, doublerait le cap Nord, tenterait l'inconnu ; il hivernerait dans les glaces, pendant la longue nuit ; puis, le printemps revenu, au lever du soleil, les officiers et les matelots, la bandoulière des traîneaux à l'épaule, entre les hummocks, dans les défilés ouverts par la scie et la pioche, au cœur des énormes floebergs, sous les bourrasques de neige et la fonte des brumes gelées, marcheraient vers les mystérieuses blancheurs du pôle. Reviendraient-ils vers le sloop, — après avoir volé quelques-uns de ses secrets à l'éternel hiver jaloux de sa solitude ? et le navire lui-même, délivré de sa prison froide, flotterait-il de nouveau vers les belles mers bleues, aux écumes ensoleillées, que rase l'aile échancrée de la mouette, vers les belles mers sereines, voisines des patries ?

Au-dessus de Bergen, en face des rudes côtes déchirées, trouées, déchiquetées, éparpillées en cassures par des jeux d'ouragan ou de tremblements de terre, la *Thule* s'arrêta. Il serait hasardeux que le meilleur navire, fût-il commandé par le plus expert des capitaines, s'engageât, sans avoir à son bord un marin du pays, parmi les rocheux et bouillonnants archipels qui, dans ces parages, font ressembler la mer à des alpes surgissantes d'un déluge ; c'est l'habitude de prendre un pilote à Bergen, ou à Odde ; les marins de Odde, surtout, sont fameux par leur habileté à guider les vaisseaux parmi tant d'écueils et de strœms.

Une embarcation fut mise à flot, un lieutenant et trois matelots y descendirent : ils ramèneraient à bord l'indispensable pilote. « Venez-vous avec nous, Cardenac ? » cria le lieutenant. Le passager répondit : « Volontiers. » Quelques instants après, la barque glissait, entre les énormes parois lisses des monts, sur les eaux mornes du Hardangerfjord.

Cardenac, après quatre ans, restait pareil à l'homme qui ne pleurait point sa mère morte, à Castel-Lauterès. La même face dure, comme pétrifiée, la même attitude de sévère mépris. Le costume et l'attirail de défense et d'attaque, — habit de fourrures, revolver et hache à la ceinture, — que la discipline des expéditions polaires l'obligeait de porter, ajoutaient de la sauvagerie à son air d'âpre tristesse.

Il se tenait assis à l'arrière de la barque, ne parlant pas, regardant avec une attention froide le fjord, les monts, et, par delà, les glaciers et les neiges. Un instant, il parut surpris ; il venait d'appercevoir les trois édifices étagés sur la montagne. Qui donc avait fait construire là ce palais, cette église, ce tombeau ? Il rêva. Quand on eut mis pied à terre : « Eh bien, Cardenac, vous ne venez pas avec nous jusqu'à Odde? — Non, vous me retrouverez ici. » Resté seul, il commença de monter la côte abrupte, presque accore.

De toutes parts, le palais était clos. Pas un bruit; les fenêtres, pareilles à des paupières fermées, donnaient l'idée d'une demeure morte. Qui donc avait habité là, comme en un exil, et en était parti, peut-être pour quelque exil plus morose?

Cardenac gravit les escaliers de roche.

L'église était close aussi. Il en fit le tour. Il poussa de la main la porte du presbytère; elle s'ouvrit. Mais la salle était vide, sans meubles. Il restait, au-dessus de la cheminée, un miroir, pâle, presque blême, dans le jour solitaire de la chambre, et qui, comme l'œil vague d'un prisonnier, avait l'air de n'avoir vu, depuis longtemps, personne.

Cardenac grimpa l'étroit sentier qui zigzague jusqu'à la pointe extrême du promontoire.

Il admira, comme avec une jalousie, le sépulcre de granit blanc, allongé entre la mer et la mer, semblable à un sphinx aux ailes ployées qui regarderait l'infini. Cette tombe était-elle vide, comme l'église et le palais? ou bien, ceux qui avaient vécu dans ce palais et prié dans cette église reposaient-ils dans cette tombe? Si des dormeurs y étaient couchés, qu'ils devaient bien dormir, dans la haute solitude ! Le lointain et l'altitude du lieu, et l'immensité de l'espace, devaient mettre plus de repos, avec plus de solennité, dans la mort.

Il fit quelques pas encore, se trouva devant la porte du sépulcre.

Sans un cri, sans un geste, il regardait, stupéfait. Car, dans le fer de la porte, ces mots étaient marqués en grossières entaillades :

Ci-gisent

Léopold et Stéphana de La Roquebrussane
Le frère et la sœur
Qui s'aimèrent.

Il les lut, ces mots ; il les relut, les relut encore ! Et, enfin, devant ce défi posthume à la pudeur humaine, devant l'insolence de l'inceste se perpétuant et se consacrant dans l'éternité auguste de la tombe, devant la chaste mort contrainte à l'acceptation d'une sacrilège luxure, une telle colère l'emporta, qu'il saisit une hache à sa ceinture, se rua vers la porte, et, en quelques coups, en fit sauter les gonds !

Il entra dans le sépulcre, et le jour avec lui.

Sur les lits jumeaux du cercueil dont les planches s'étaient disjointes, sous des jonchées de fleurs flétries, parmi de rares lambeaux d'étoffes, deux squelettes étaient couchés ; ils se touchaient de la main, mêlant les osselets grêles de leurs doigts, où survivait la lueur de deux anneaux d'or ; et, à côté d'eux, il y avait une lampe éteinte.

Cardenac recula.

Soit que l'horreur de la tombe violée glaçât sa colère, soit qu'à l'aspect de cet hymen du frère et de la sœur dans le néant, un sentiment lui vint de la grandeur, affreuse sans doute, de la grandeur pourtant qu'il y avait en ce prolongement de leur amour au delà du trépas, il ne bougeait point, baissait la tête, songeait. Pourquoi avait-il fait sauter les gonds de la porte ? Pourquoi était-il entré dans cette sépulture ? Il ne le savait plus, ne l'avait peut-être jamais su d'ailleurs. Il s'était rué, sans pensée, l'âme aveuglée par la colère. Maintenant, il se disait que les morts ont bien droit au silence, à l'ombre, à la porte fermée des caveaux. En même temps, une pitié le prenait, une pitié qui lui mouillait les yeux ; hélas ! l'une des choses couchées là avait été, — si jeune, si heureux, si plein de beaux espoirs, — le cher compagnon de son enfance et de sa jeunesse, le souci attendri de son âge viril, et maintenant... ô tristesse ! Il allait s'éloigner, laissant l'affreux couple en son éternel repos.

Mais, la tête baissée, il regardait encore l'un des

corps sans chair, celui de Stéphana; et il frémit comme dans une crise de fièvre. Car il apercevait là, devant lui, au-dessous des grêles blancheurs des côtes, à la place où fut le ventre... oh! quoi? une chose petite et pâle, faite de frêles os, tordue et comme cassée, qui ressemblait à un squelette difforme d'oiseau, — le néant de ce qui n'avait pas été!

Alors, devant la survivance morte de leur crime, une rage le reprit, plus formidable! il empoigna des deux mains les rebords du cercueil, le tira, le tira dehors, vers le jour, sur le mont; disjoignit facilement, — les ais, mous, gémirent à peine, — les deux moitiés de la funèbre couche, se plaça entre elles; puis, debout, sur la pointe extrême du promontoire, il poussa du pied, vers la mer, à gauche, le squelette de Stéphana, et il poussa du pied, vers la mer, à droite, le squelette de Léopold; il ferma les yeux pour ne pas les voir tomber; mais il entendit le bruit des deux chutes dans les flots, très loin l'une de l'autre! et jugea que c'était bien.

Une heure plus tard, Cardenac, avec le lieutenant, les matelots et le pilote, avait rejoint la *Thule*. « Au nord du monde! » commanda le capitaine. Le sloop se remit en marche à travers les écueils et les strœms. Bientôt il entrerait dans les mers où se meuvent les banquises; et, le printemps venu, après la longue nuit hivernale, les officiers et tout l'équipage tenteraient l'inconnu mystérieux du pôle. Cardenac les suivrait. La *Thule* reviendrait-elle jamais vers les belles ondes d'azur, à l'écume toute lumineuse de soleil, vers les belles Méditerranées sereines, voisines des patries ?

FIN

RAPPORT 15

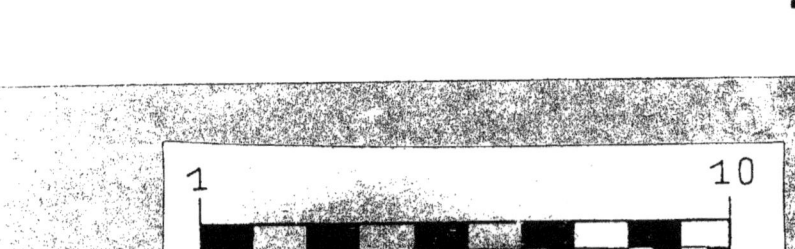

BIBLIOTHÈQUE NATIONALE

CHÂTEAU
de
SABLÉ
1984

www.ingramcontent.com/pod-product-compliance
Lightning Source LLC
Chambersburg PA
CBHW071242160426
43196CB00009B/1151